怎樣保險最"保險"

——認識人身保險契約

簡榮宗 著

三民書局

國家圖書館出版品預行編目資料

怎樣保險最保險:認識人身保險契約／簡榮宗著.－－初版一刷.－－臺北市；三民，民91
面；　公分－－(生活法漫談)

ISBN 957-14-3614-3 (平裝)

1. 人身保險

563.74　　91004653

網路書店位址 http : // www. sanmin. com. tw

 怎樣保險最保險
——認識人身保險契約

著作人　簡榮宗
發行人　劉振強
著作財產權人　三民書局股份有限公司
臺北市復興北路三八六號
發行所　三民書局股份有限公司
地址／臺北市復興北路三八六號
電話／二五〇〇六六〇〇
郵撥／〇〇〇九九九八──五號
印刷所　三民書局股份有限公司
門市部　復北店／臺北市復興北路三八六號
重南店／臺北市重慶南路一段六十一號
初版一刷　中華民國九十一年四月
編　號　S 58509
基本定價　伍　元
行政院新聞局登記證局版臺業字第〇二〇〇號

ISBN 957-14-3614-3 (平裝)

自序

「人無遠慮，必有近憂」，相信每個人都期望自己與最親愛家人的一生都能一帆風順。但不論一個人生活再怎麼平順、富裕，還是無法避免天然災害或是生、老、病、死、殘的這些人生過程。例如因颱風、地震等天然災害而使財物遭受損失，或是罹患疾病而支出大筆的醫療費用而影響生計，甚至因為意外死亡，而使自己的親人失去生活的憑藉。

「保險」制度雖然不能保證一個人可以免去意外災害或是疾病的侵擾，但是卻有彌補與維持的作用與目的。就彌補的方面來說，保險可以集合多數人的經濟力量，基於互助合作的精神，對少數發生危險事故，遭受損失的人，予以經濟上的彌補，以分擔其所遭受的損害。而在維持的方面來說，保險制度亦能夠於一個人死亡後，維持其親人日常生活之支出。

民初大文豪胡適曾說：「保險的意義，只是今日作明日的準備，生時作死時的準備，父母作兒女的準備，兒女幼小時作兒女長大時的準備，如此而已。今日預備明天，這是真穩健；生時預備死時，這是真曠達；父母預備兒女，這是真慈愛；能做到這三步的人，才能算做現

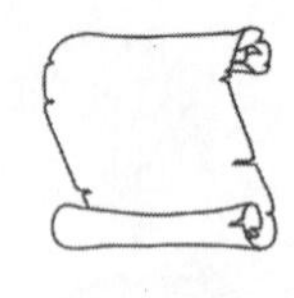

代的人！」而演變至今，保險制度除了原有分散風險、彌補損失之目的外，更增加了儲蓄、節稅等理財的功能，所以保險制度可說是現代人所不可缺少的理財及移轉風險的方法。

既然保險制度有那麼多好處及功能，可是為甚麼還是有那麼多人排斥保險甚或不了解保險的重要性？主要是因為保險法的知識並不普及，而且定型化的保險單條款冗長、細瑣、不易理解，再加上少數不肖保險從業人員「僥倖」、「不誠實」的心態，而造成保險的糾紛層出不窮。為使一般消費者認識保險契約，或是增加保險從業人員對相關法律之認識，以改善前述弊端，健全保險制度。因此，筆者遂接受三民書局之邀約，撰寫本書。

依保險法第十三條規定，保險分為財產保險及人身保險。惟本書僅限制於介紹人身保險契約之相關法律問題。一方面係受限於篇幅，另一方面係因人身保險即包含了人壽保險、健康保險、傷害保險及年金保險，幾乎已經囊括了一個人的生、老、病、死。因此，針對與一般民眾較為相關之人身保險契約部份加以論述，應能符合實際之需要。

本書係依民國九十年七月九日最新修正公布的保險法、相關附屬法規以及經財政部審核之各種保險單示範標準條款撰寫而成，最能符合目前法規現況。另外，本書亦於書後附錄國內保險公司、外商保險公司在臺分公司與保險公會、學會及協會之地址電話，方便讀者有需要時查詢。最後，本書係以淺顯之文字，以案例分別說明在訂立保險契約階段、保險契約存續期間以及事故發生後理賠程序所應該了解之事項，並針對保險契約最常見之糾紛，介紹法

院實務之見解，相信必能使一般消費者以及保險從業人員對保險契約及法律規定有相當之認識。

惟由於筆者學植未精，疏陋難免。因此，歡迎各位讀者以電子郵件alanchien@lycosasia.com與本人交換意見。

簡榮宗序於民國九十一年三月

怎樣保險最保險——認識人身保險契約 目次

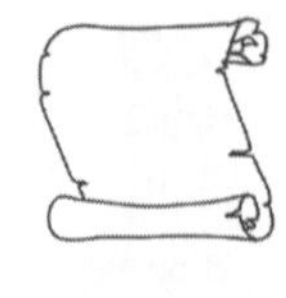

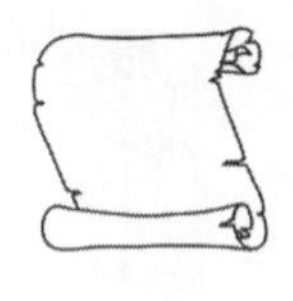

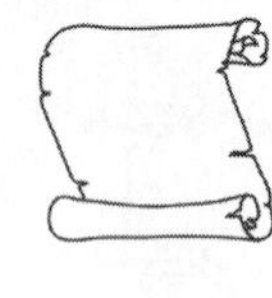

附錄

第一章 人身保險契約概論

第一節　人身保險制度的定義及功能

案例敘述

志明去年剛從學校畢業，踏出社會才一年多的時間。最近常聽到公司的同事談論到購買保險的問題，剛領薪水的志明覺得很有興趣，也打算為自己買份保險，祇是志明不知道保險制度的意義究竟是甚麼？又保險能提供社會大眾甚麼功能？

內容解析

保險法第一條規定：「本法所稱保險，謂當事人約定，一方交付保險費於他方，他方對於因不可預料或不可抗力之事故所致之損害，負擔賠償財物之行為。」第二十九條第一項則規定：「保險人對於由不可預料或不可抗力之事故所致之損害，負賠償責任。」由此可知，保險制度是在於被保險人發生「不可預料」、「不可抗力」事故所致之損害時，由保險人負擔

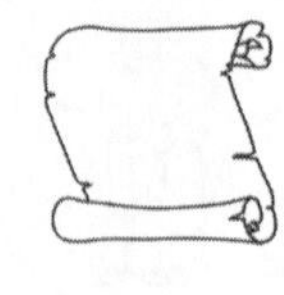

賠償責任之法律行為。

至於為甚麼需要「保險」這個制度呢？人的一生不免會因為遭遇天然災害，例如颱風、地震而使財物遭受損失，或是罹患疾病而支出大筆的醫療費用，甚至因為意外死亡，而使自己的親人失去生活的憑藉。而「保險」制度雖然不能保證一個人可以免去意外災害或是疾病的侵擾，但是卻可以集合多數人的經濟力量，基於互助合作的精神，對少數發生危險事故，遭受損失的人，予以經濟上的彌補，以分擔其所遭受的損害。

依保險法第十三條規定，保險分為財產保險及人身保險。人身保險則包括了人壽保險、健康保險、傷害保險及年金保險。因此，保險制度幾乎囊括了一個人的生、老、病、死，範圍可說十分廣泛，而保險對一般個人與家庭的功能如下：

(一)安定人心之功能

如前所述，人的一生難保不會發生任何意外事故，一旦發生不幸，不免會造成個人與家庭的精神與經濟的負擔。而保險正是針對危險的發生予以事前預防或事後損失的補償。若有足夠的保險，就算不幸發生事故，亦可藉由保險金之給付，而使得個人或家庭獲得保障，因此保險具有安定人心之功能。

(二)儲蓄養老之功能

隨著社會經濟的進步，一般人在法定退休年齡之後，就必須退出就業市場，而醫療技術之進步，也使得人們退休後要面臨比從前的人更漫長的歲月。若在年輕的時候沒有及早做準備，則老年的時候僅以退休金度日，即可能造成經濟之困窘。因此，若曾投保生存保險或生死合險，則繳費滿一定時期，即可領取保險金作為退休金來作為養老的準備。另外，也可以透過保險制度來籌措子女的養育經費，例如在兒女年幼時即替其投保，除了預防家庭遭受困難而使兒女教育中斷外，兒女長大成人後亦可累積一筆創業資金，一舉數得。

(三)緊急借貸之功能

各種意外傷害、疾病發生時，都可能需要一筆可觀的醫藥費及生活費，此時若平時沒有儲蓄，即可以保險金尋求較高的醫療品質及家庭的生活扶助。另外，依保險法第一百二十條第一項規定：「保險費付足一年以上者，要保人得以保險契約為質，向保險人借款。」因此，在個人或家庭有其他緊急用款的需要時，也可以人壽保險單為質押，向保險公司辦理貸款。

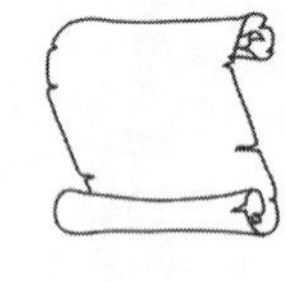

(四)減免稅賦之功能

依所得稅法第十七條之規定，納稅義務人、配偶及直系血親之人身保險等保險費，得從個人所得中扣除，但每年之扣除總額每人為二萬四千元。適用此條時納稅義務人須為要保人，且納稅義務人所採用者為「列舉扣除額」之方式。而除保險費在稅法上有優惠外，所得稅法第四條第七款亦規定，人身保險、勞工保險及軍、公、教保險之保險給付免納所得稅，也就是說發生事故後，保險人所給付之保險金不課稅。另外，在遺產及贈與稅法第十六條第九款則規定：約定於被繼承人死亡時，給付其所指定受益人之人壽保險金額、軍、公教人員、勞工或農民保險之保險金額及互助金免納遺產稅。

本案結論

綜上所陳，保險對於一般個人及家庭既然具有上述之功能，所以每個人都應該善用保險制度。本案例中，志明為剛踏出社會的年輕人，其年齡是在二十歲至三十歲間，經濟狀況正在起步期。因此，可以依照自己的能力購買保險，除了可以避免意外事故發生時的徬徨無助外，亦可間接達到強迫自己儲蓄的目的。

相關法條

保險法第一條、第十三條、第二十九條、第一百二十條、所得稅法第四條、第十七條、遺產及贈與稅法第十六條。

第二節　人壽保險與健康保險、傷害保險及年金保險有甚麼不同？

案例敘述

原來保險制度有這麼多的功能，在了解保險制度的優點後，志明打算好好的為自己購買一份保險，可是市面上保險公司推出的保單種類眾多，例如人壽保險、健康保險、傷害保險以及年金保險等等。志明想了解這些名詞是甚麼意思，而它們之間又有甚麼不同？

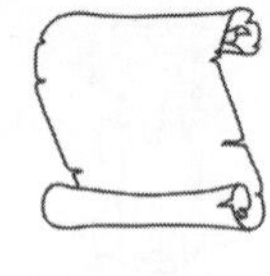

一、內容解析

國內的保險市場主要分為兩大部分，第一部分是所謂的「社會保險」，舉凡勞工保險、農民保險、軍人保險，甚至全民健康保險都屬於此類。這類保險大多具有社會安全上的意義，也就是配合國家福利政策的推動。這類保險的繳費較低，但相對的給付的金額也較低，所以一般社會大眾通常會在社會保險之外尋求商業保險的保障，以符合實際的需要。

第二部分也就是所謂的「商業保險」，雖然目前市面上所流通的商業保險有近百種，但基本上還是以保險法第十三條所規定的幾種為主，以下分述之：

(一)人壽保險

人壽保險是以人的生命為保險標的，即以人的生存或死亡為保險事故，於保險事故發生後，由保險公司給付一定金額的保險。人壽保險分為生存保險、死亡保險及生死合險三種。

1. **生存保險**：依保險法第一百零一條規定，生存保險為人壽保險人於被保險人屆契約規定年限仍生存時，依照契約負給付保險金額之責的保險。因為生存保險係以儲蓄為主，並非承保意外事故，故有人稱之為儲蓄保險。若被保險人於保險期間內死亡，保險公司無給付保

險金之責任，且要保人所繳的保費也不予以退還。

2. **死亡保險**：依保險法第一百零一條規定，死亡保險為人壽保險人於被保險人在契約規定年限內死亡，依照契約給付保險金額之責。而此種保險因保障期間之不同，又可以分為定期保險與終身保險兩種。「定期保險」是指由保險公司和被保險人約定一定期間為保險期間，如果被保險人在這段期間內死亡，保險公司要負給付保險金之責任，若約定之保險期間屆滿，被保險人仍生存，則保險契約終止。自保險期間屆滿，保險公司即無給付保險金之責任。目前實務上所銷售的定期保險，通常是以一年、五年、十年或二十年為期，但也有以被保險人到達一定年齡為期限的。「終身保險」與前述「定期保險」最主要的不同是期間，顧名思義，「終身保險」是指契約訂定直到被保險人死亡為止，而由繼承人或指定之受益人獲得保險金之給付。此種保險以保障為主，又依繳費期間不同，可分為終身繳費與一定期間繳費兩種。終身繳費亦稱普通終身保險，也就是祇要被保險人還活著，要保人就必須繼續繳納保險費，這種方式實務上很少採用。至於一定期間繳費又稱為限期繳費終身保險，保險費之繳付僅及於一定年限，以後不需要再繳保險費，但保險契約仍繼續終身有效。

3. **生死合險**：生死合險乃是被保險人於保險期間屆滿仍生存，保險公司依約定給付滿期保險金；被保險人於保險契約有效期間內死亡，保險公司依約定給付死亡保險金。本保險具有一定保險期間，具保障及儲蓄兩種特性，又稱為養老保險。養老保險因為符合國人近年來對保險保障為主、儲蓄為輔的需求，因此佔我國個人壽險新契約保費中相當大的部分。

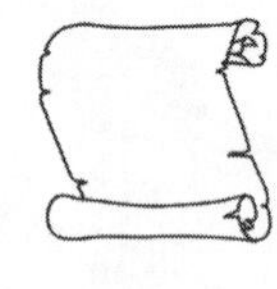

(二)健康保險

健康保險規定於保險法第一百二十五條，是指被保險人於保險契約有效期間內，罹患疾病或分娩而門診、住院或外科手術醫療時，保險公司依約定以定額、日額或依實際醫療費用（是否扣除全民健康保險，或其他保險給付部分，依照契約約定辦理）實支實付保險金，通稱為醫療保險。通常，一般健康保險多以特約或附加的方式隨同傷害保險及普通壽險出單，但也有單獨的健康保險商品，例如防癌健康保險。

(三)傷害保險

一般人平常的生活，包括工作、交通、運動及旅行等等，都可能因為意外傷害造成生命財產的損失，因此傷害保險日益顯得重要。傷害保險規定於本法第一百三十一條，而依該法規定，傷害保險的保險範圍為：「傷害保險人於被保險人遭受意外傷害及其所致殘廢或死亡時，負給付保險金額之責。」而所謂「意外傷害」指非由疾病引起之外來突發事故，故本保險又稱意外保險。通常保險公司會單獨發售意外傷害保險，但亦有用附加方式附加於普通壽險販賣，使保險契約的保障擴大者。

(四)年金保險

年金保險規定於保險法第一百三十五條之一，是指在保險契約有效期間內，保險公司自約定時日起，每屆滿一定期間給付保險金。年金給付期間若約定以被保險人生存為要件給付者稱為生存年金給付期間；不以被保險人是否生存為條件給付者稱保證給付期間。保險費躉繳的年金保險，於保險費交付後，即進入年金給付期間，稱之為即期年金保險。保險費分期交付的年金保險，於繳費期間終了後，進入年金給付期間，則稱之為遞延年金保險。

本案結論

綜上所述，國內目前各保險公司所推出的保險商品雖然十分眾多，但皆不外是死亡保險、生存保險或生死合險的原型或其組合，再附加健康保險或傷害保險。若志明想要購買保險，應該以其自身需求為何及保險契約的附加價值來作雙重考量，以選擇最適合自己的保險類型。

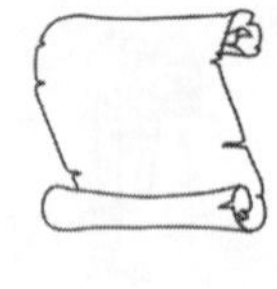

相關法條

保險法第十三條、第一百零一條、第一百二十五條、第一百三十一條、第一百三十五條之一。

第三節　如何選擇適合於自己的人身保險契約？

案例敘述

志明在了解保險制度的功能及目前市面上保險契約的種類以後，相當認同以保險來規避人身風險的概念，並打算為自己買份保險。祇是市面上琳瑯滿目的保險種類，志明不知道要如何選擇保險商品，才能為自己的人生作一個妥善的規劃？

內容解析

投保人身保險是將個人或家庭因生、老、疾病、殘廢及死亡所導致經濟生活的不安定，經由保險公司提供的保險商品，獲得確定的保障。投保後每年應按期繳納保險費，維護契約繼續有效，才能確保個人或家庭生活無憂無慮。而保險公司在市場上行銷的保險商品多達百種以上，每一保險商品各有其保障內容與保險種類特性，建議可以參照下列原則，為個人或家庭規劃適當的保險商品。

(一)認識自己的需求，決定適當的保險種類

雖然保險制度可以轉嫁個人所面臨的死亡、意外傷病及老年等風險，但由於經濟能力的限制，不可能將所有未來可能遭遇的風險都加以投保。因此，可依個人的年齡及家庭的需要，找出最可能面臨的風險及損失，以規劃最適當之保險種類。而由於人壽保險兼具保障與儲蓄理財的功能，所以若是為保障遺族生活及教育基金，請選擇保障性高的定期壽險或終身壽險商品。但若是為了籌備子女的教育經費或準備養老基金，則以選擇儲蓄性高的生死合險或年金商品為宜。

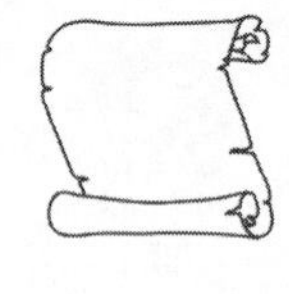

㈡了解自己的需要，決定適當的保險金額

該投保多少保險金額？這是相當主觀的問題，投保的金額愈高，所獲得的保障也愈高，但相同的，每一個保險契約每年應繳納保險費的多少也與保險金額的大小成正比。因此，應該衡量自己的繳費能力來決定應投保多少之金額。從保障的功能來看，保險制度是個人或家庭理財規劃、轉移風險最好的工具之一，應屬必要的支出。每年所繳納的保險費，一般而言，以個人或家庭每年可支配所得（所得減除各種稅捐後的餘額）的百分之十為宜，儘量不要超過百分之三十。若從儲蓄的功能來看，保險制度是準備子女教育基金、個人或家庭中長期儲蓄、退休養老，最穩健的理財方式之一，而此部分每年所繳納的保險費，應不超過個人或家庭每年可支配所得減除應支付各項生活費用，也就是收支的餘額為理想。

㈢比較各家保險公司商品，選擇適合的保險契約

當一般消費者依照前述標準決定保險種類及大概要投保多少金額後，就可以挑選一家保險公司（可以透過社會上對此保險公司的風評及其業務員的專業能力來挑選），請保險業務員針對自己的需求及預算設計幾種不同的保險商品組合，再從這幾種商品組合中挑選一個最滿意的組合。俗話說「貨比三家不吃虧」，重複比較二至三家保險公司提出的計畫書後，就可以

找出一份最適合自己的保險單。

本案結論

綜上所陳，志明可以透過前述原則規劃出最適合自己的保險契約。祇是隨著時間的經過，志明的經濟收入及生活需求可能都會隨環境而改變。因此，志明應該每三至五年檢視一下自己的保單，看看是否需要變更保險金額或附加新的保險商品，以使自己的保險商品更有保障。

第二章

訂立保險契約時的法律問題

第二章

第一節　何謂「保險人」、「要保人」、「被保險人」以及「受益人」？

案例敘述

志明已經依自己的需要規劃出一份適合自己的保險契約，可是看到保險契約中記載了「保險人」、「要保人」、「被保險人」以及「受益人」等等名詞，志明不知道這些名詞究竟代表了甚麼意思？而這些人在保險契約中又扮演了怎麼樣的角色？

內容解析

一般人身保險契約的條文中，常常可以看到所謂的「保險人」、「要保人」、「被保險人」及「受益人」等名詞。但事實上，保險契約當事人，也就是實際簽訂保險契約之人，僅有「保險人」、「要保人」。而「被保險人」及「受益人」稱為保險契約的關係人，也就是他們並未直

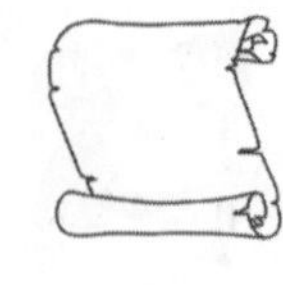

接參與保險契約之簽訂，僅係因保險事故的發生而受到損害或是因保險事故之發生而對保險人享有損害賠償請求權而已。

依保險法第二條規定：「本法所稱保險人，指經營保險事業之各種組織，在保險契約成立時，有保險費之請求權；在承保危險事故發生時，依其承保之責任，負擔賠償之義務。」所謂各種組織，依保險法第一百三十六條第一項規定，是以股份有限公司或合作社為限。但保險合作社僅能承接合作社員的要保，不能擴及一般社會大眾，因此目前是以股份有限公司作為保險人為常態。又依保險法第二條法條文義看來，保險人的權利是在保險契約成立時得請求保險費，而其義務是在承保危險事故發生時負擔賠償責任。但事實上，依通說之見解，保險人之義務並非僅是「賠償了事」，而係在整個保險期間，提供被保險人一個經濟上、精神上的保障，這樣的說法也比較合於保險契約「雙務契約」的特性。

另依保險法第三條規定：「本法所稱要保人，指對保險標的具有保險利益，向保險人申請訂立保險契約，並負有交付保險費義務之人。」由此可知，要保人係保險契約的當事人，因為是由他向保險人申請訂立契約，而要保人也負有交付保險費的義務。可是若在要保人與被保險人不是同一人的狀況，就會發生要保人僅有義務（交付保險費），卻無任何權利（保險金由被保險人或受益人取得）的不合理狀況。因此，有學者建議應賦予要保人「受益人指定權」（保險法第一百十一條參照），以增加其訂立保險契約之意願。

而依保險法第四條規定：「本法所稱被保險人，指於保險事故發生時，遭受損害，享有賠償請求權之人；要保人亦得為被保險人。」由此可知，被保險人於保險事故發生時會遭受損害，至於為甚麼會遭受損害呢？因為在人身保險，被保險人係以其生命或身體為保險標的，而在財產保險，係以被保險人的財產或利益為保險標的，關係均十分密切。所以，被保險人當然可能因保險事故之發生而受到損害。不過，「遭受損害」的概念並不能適用於人身保險中的生存保險，因為生存保險是指被保險人於契約規定的期限仍然生存，保險人才給付保險金，則此時被保險人並無任何損害可言。另外，從本條文中亦可以得知被保險人於保險事故發生時得享有賠償請求權。可是這樣的定義應該僅適用於財產保險，為甚麼呢？因為在人身保險的死亡保險中，一旦保險的事故發生，被保險人就已經死亡，要如何向保險人請求賠償？所以，這個時候得請求保險金者，就祇有受益人，若沒有指定受益人，保險金就會成為被保險人的遺產（保險法第一百十三條參照）。

最後，依保險法第五條規定：「本法所稱受益人，指被保險人或要保人約定享有賠償請求權之人，要保人或被保險人均得為受益人。」受益人，顧名思義，是屬於「單純享受利益」的人，因為他並不像要保人要繳交保險費，也不像被保險人於保險事故發生時會遭受損害，就能享有請求保險金之利益。不過，受益人的概念應該僅有用在人身保險。因為財產保險的功能係在於填補損失，故因保險事故而得請領保險金之人，應為遭受損失之人，也就是被保險人，而非受益人。所以在實務上，財產保險單也多未記載有受益人之名稱。

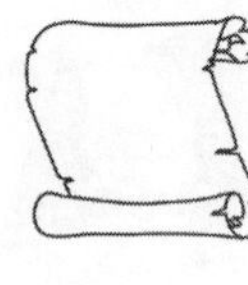

本案結論

志明若為自己向保險人投保人身保險，則此時他為要保人也是被保險人，至於受益人則看志明有沒有另行指定。若志明係為他的父親投保人身保險，則他仍為要保人，但此時被保險人就變成他的父親。不過，不管志明的身分是保險契約當事人的要保人，或是保險契約關係人的被保險人、受益人，都要充分了解自己依法律或保險契約的權利義務，才能充分的享受保險制度的保障。

相關法條

保險法第二條、第三條、第四條、第五條、第一一一條、第一一三條、第一三六條。

第二節　外國保險公司是否得為保險人？

案例敘述

志明打算找幾家保險公司，好好的比較各公司保險商品的優劣，可是市面上保險公司眾多，甚至有許多是外國保險公司。由於外國保險公司的資產都在國外，志明不知道若投保外國保險公司是不是比較沒有保障？還有面對眾多的保險公司，究竟應該如何選擇一家好的保險公司？

內容解析

由於保險公司之營業項目是向社會大眾收取保險費，而於一定之保險事故發生時，再以社會大眾所繳付之保險費賠償給個人來分擔風險。不過，也因為其所集資之對象為社會大眾，所以政府通常會對其加以嚴格之監控。在以前政府對於保險公司之設立採特許制度，並禁止外商保險公司之設立。迄民國七十五年底開始，政府開放美商壽險公司在我國境內設立分公司，經營人身保險業務，並於八十年代初期逐步開放國內之保險市場。除將原本國內之保險公司（指依我國法設立登記之保險公司）之申設由特許主義改為核准主義（即符合法律所規

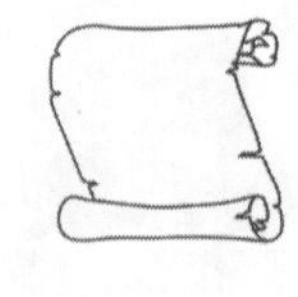

定之條件，即予准許）外，並開放外國保險公司（指依外國法律組織登記，保險法第六條參照）之設立，但仍採特許主義（保險法第一百五十五條），必須依法為營業登記，繳存保證金，領得營業執照後，方得開始營業（保險法第一百三十七條第三項）。而本國保險公司或外國保險公司未依法核准或特許設立而經營業務，依保險法第一百六十六條之規定，應勒令停業，並處新臺幣三百萬元以上，一千五百萬元以下之罰鍰。而非保險業經營保險業務者，除對行為負責人可處一年以上，七年以下有期徒刑，得併科新臺幣二千萬元以下罰金外，若為法人組織，其負責人對有關債務，並應負連帶清償責任（保險法第一百六十七條、第一百三十六條參照）。

由前述可知，不論本國保險公司或外國保險公司要經營保險業務，都必須經過核准或特許設立的法定程序，對一般民眾來說應有基本的保障。而若民眾投保外國保險公司，於事故發生後保險公司拒不理賠，則此時還是可以以外國保險公司在臺灣的分公司為被告，對其提起給付保險金之民事訴訟，並強制執行其財產，並不會有所不同。因此，民眾仍然可以確保自身的權利。那麼外國保險公司與國內保險公司的差異何在呢？其實，外國保險公司在臺灣經營，必須適用與國內業者相同之稅種優惠、費率，基本上並無二致，主要是看各公司本身的業務方針來決定經營的模式。一般來說，外國保險觀念的發展有較長遠的歷史，而且國際保險公司通常也較具規模，對民眾的權益應較有保障。不過，實際的利弊得失還是要由投保

民眾自己去判斷。

至於應該要如何選擇一個好的保險公司，以下提出幾個原則給一般消費者作為參考：

1. **有雄厚的財力**：一般消費者購買保險，無非是想藉由保險分散風險的功能，而於事故發生時獲得相當的賠償。若損害發生時，保險公司自身財務都有困難，而沒有能力賠償投保者的損失，那麼保險制度就失去了意義。因此，選擇保險公司時，其本身的財力就是一個很重要的因素。一般來說，保險公司的財力可以從其資產總值、責任準備金的提存額以及公司的淨值來判斷。
2. **有專業的程度**：由於一般消費者接觸的還是以保險業務員為多，因此保險公司在錄取業務員後，都會給予其七天至三個月的專業訓練。所以，一般民眾可以注意，保險業務員於招攬業務時，是否服務態度良好，並且具有專業知識，能夠將保險契約的內容詳細解說，以作為選擇保險公司的判斷標準。
3. **有售後的服務**：一家好的保險公司除了有種類眾多的保險商品供消費者選擇外，其於保險契約成立後的售後服務也相當重要。例如隨著環境的變遷，保戶可能會有提高保障或減少保費的需求，此時保險公司對於換約的限制就十分重要。另外，諸如繳費方式的便利及理賠程序的簡捷，也是重要的考量。
4. **有附加的服務**：現在保險公司競爭激烈，除了保險契約提供的基本保障外，一般保險公司都會提供一些附加服務。例如海外急難救助、道路救援、貸款優惠以及保戶子女獎學金等等。雖然這些並不是保險制度主要的目的，但是消費者繳一樣的保費，但卻可以享有更多的服務，精打細算的投保民眾可以多加考量。

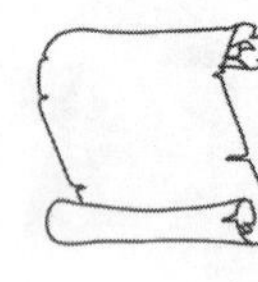

本案結論

由於國籍並不是一家保險公司優劣的絕對因素，所以志明並不需要特別的注重此部分，而可以透過前述的原則來綜合判斷。當然，由於保險契約具有繼續性的性質，因此縱使志明投保後，若對所提供的服務有所不滿，還是可以隨時透過客戶服務專線，向保險公司申訴，以確保自身的權益。

相關法條

保險法第六條、第一三六條、第一三七條、第一五五條、第一六六條、第一六七條。

第三節　未成年人可不可以作為要保人？

案例敘述

志明了解保險制度有那麼多好處以後，基於好東西要和好朋友分享的心態，就打電話告訴他高中時期的學弟志成。志成聽了志明的解說後也覺得很心動，打算自己當要保人替已經跟父親離婚的母親投保，可是志成今年才十九歲，不知道這樣會不會影響保險契約的效力？

內容解析

保險契約乃要保人向保險人申請訂立，經保險人予以承諾而成立契約。訂立保險契約既為法律行為之一種，依民法之規定就必需是完全行為能力之人所訂立之保險契約，方得即刻有效。而滿二十歲之人或未成年人已結婚者才有完全之行為能力，若為滿七歲以上未滿二十歲且未結婚之人，僅具有限制行為能力。依民法第七十九條之規定，限制行為能力人訂立契

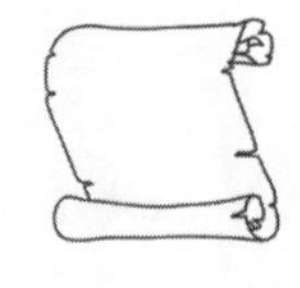

約須得法定代理人事前之允許或事後之承認方有效力，惟限制行為能力人為意思表示及受意思表示係「純獲法律上之利益」或依其年齡及身分為「日常生活所必需」者，不在此限（民法第七十七條但書參照）。而若限制行為能力人想以自己為要保人訂立保險契約，依保險法第三條之規定要保人須交付保險費，故非「純獲法律上之利益」。另保險契約雖然可以分擔風險，對日常生活十分重要，但亦非「生活上所必需」。從而，限制行為能力人若以自己為要保人向保險公司投保，非得其法定代理人之允許或承認不可。

依民法第一千零八十六條規定：「父母為其未成年子女之法定代理人。」而同法第一千零八十九條規定：「對於未成年子女之權利義務，除法律另有規定外，由父母共同行使或負擔之。父母之一方不能行使權利時，由他方行使之。父母不能共同負擔義務時，由有能力者負擔之。」故原則上限制行為能力人投保時，須得其父母之允許或承認，契約方屬有效。惟實務上保險公司為減化作業，通常僅要求父或母其中一人，在要保書之監護人欄中簽名，即視為未成年人已得父母之同意。

又於父母離婚時，依民法第一千零五十五條規定：「夫妻離婚者，對於未成年子女權利義務之行使或負擔，依協議由一方或雙方共同任之。未為協議或協議不成者，法院……依職權酌定之。」因此，若依「協議」或「酌定」由一方行使權利時，此時應構成第一千零八十九條「父母之一方不能行使權利」之要件，由有監護權之一方行使保險契約同意權即可。

本案結論

由於志成為未滿二十歲且未結婚之限制行為能力人，而訂立保險契約也非純獲法律上利益或其日常生活所必需之法律行為，故其不能以單獨的意思與保險人訂立契約，而必須獲得法定代理人的允許或承認。又志成的父母已經離婚，因此前項訂立保險契約之同意，必須由享有志成監護權的父或母單方面為之，契約方屬合法有效。

相關法條

民法第七十七條、第七十九條、第一千零五十五條、第一千零八十六條、第一千零八十九條、保險法第三條。

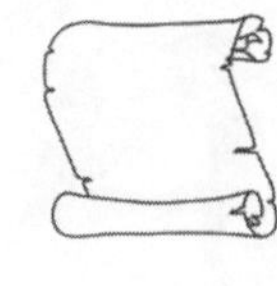

第四節　未成年人可不可以作為被保險人？

案例敘述

志明的姐姐玉芳，有一個十歲的小孩翰翰，今年他的生日快到了，玉芳在考慮送甚麼樣的禮物給翰翰最具有意義，志明知道了，就建議玉芳幫小孩投保人壽保險，因為這樣除了可以在意外發生時獲得補償外，還可以替小孩未來儲備創業基金。玉芳想了想覺得很有道理，可是她聽說未滿十四歲的小孩不能投保死亡保險，不知道詳細的情形是如何？

內容解析

我國保險法於八十六年五月二十八日修正前，於保險法第一百零七條規定，以未滿十四歲的未成年人為被保險人所定的死亡保險契約是無效的。當初會這樣立法，是因為十四歲以下的未成年人智慮淺薄，缺乏判斷能力，為免不肖之徒利用未成年人為被保險人，以圖謀保險金所可能導致的道德危險，所以規定以未滿十四歲之未成年人為被保險人所訂死亡保險契約無效。不過，雖然當時法律明文規定不得以未滿十四歲之未成年人投保「死亡保險」契約，但若以未滿十四歲之未成年人投保「傷害保險」則不受限制。這是因為一般兒童受意外傷害的機會較多，可藉由投保傷害保險，而使其家長得利用保險以分散醫療費用的負擔，所以仍允許家長替兒童投保傷害保險。但這時候會產生的問題是，法律規定不可以為未滿十四歲之未成年人投保死亡保險，而允許為其投保傷害保險，今若未成年人因意外傷害而死亡時，傷害保險的保險人仍須負理賠責任，則此時又回到前述死亡保險可能造成道德危險的疑慮。為了解決前述問題，保險業管理辦法在第二十九條規定，人身保險業承保十四歲以下未成年人的傷害保險，其最高給付保險金額，由財政部視社會經濟及保險業經營情況而定。

但前述對未滿十四歲之人投保死亡保險之限制，於八十六年的修法時已經將保險法第一百零七條刪除，也就是八十六年五月以後得以未滿十四歲之未成年人為被保險人投保死亡保險。其修正之理由是認為在實務上為十四歲以下未成年人投保死亡保險而發生的道德危險案例並不多，以及未成年人之家人於其死亡後仍有生活經濟補助之需要，因此將保險法第一百零七條刪除。至於傷害保險的部分則維持原來得以未成年人為被保險人的條文。雖然修正條文的理由點出未滿十四歲的未成年人仍有投保之必要，但還是沒有說明原來擔心的道德危險問題要如何避免。所以，就有學者認為此條修法應加上「限制要保人身分」以及「限制保險金額」等兩個配套措施，才能降低所產生的道德危險。

事實上，在保險實務中，有許多保險公司在公司本身大量印製的定型化保險契約中，即明文限制以未滿十四歲的未成年人為被保險人時，投保死亡保險的理賠範圍，以避免所可能產生的道德危險。而前述爭議，在九十年七月九日公布的修正條文中，已經獲得了解決。修正後保險法第一百零七條規定：「訂立人壽保險契約時，以未滿十四歲之未成年人，或心神喪失或精神耗弱之人為被保險人，除喪葬費用之給付外，其餘死亡給付部分無效。前項喪葬費用之保險金額，不得超過主管機關所規定之金額」。

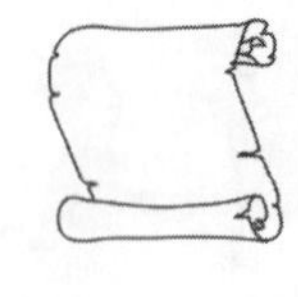

本案結論

如上所述，雖然翰翰為未滿十歲的未成年人，但因保險法修正之結果，依現行法之規定，玉芳還是可以以其為人壽保險契約之被保險人。祇是為了避免道德危險的產生，此契約僅於喪葬費用的部分有效。關於這點，玉芳可能要特別加以注意。

相關法條

保險法第一百零七條、保險業管理辦法第二十九條。

第五節　如何指定保險契約的受益人？

案例敘述

志明的姐姐玉芳，除了幫兒子翰翰投保人壽保險外，在保險業務員的鼓吹下，也想為自己投保一份終身壽險。看見保險契約中有一欄受益人的記載，最近才跟老公國明大吵一架的玉芳不想要填上國明的名字。玉芳想知道受益人這部分可以不填嗎？若是不填，事故發生後保險金如何處理？又指定受益人之後可否隨時變更？

內容解析

保險法第五條規定：「本法所稱受益人，指被保險人或要保人約定享有賠償請求權之人，要保人或被保險人均得為受益人。」從前述規定可知，受益人為保險事故發生時，得向保險

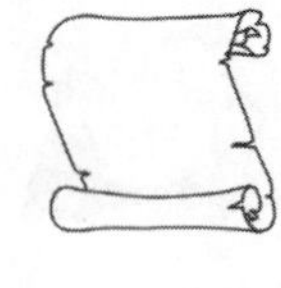

人請求保險金之人。而依前述文義，受益人產生的方式有二種，一種係由被保險人或要保人所約定，另一種即由要保人自身或被保險人為之。

在第一種情形，要保人或被保險人得約定某人為受益人，縱使受益人不知其為保險契約之受益人，亦不妨礙其為受益人之資格，祇須其於請求保險金額時仍生存，即享有受益權（保險法第一百十條第二項參照，但學者多以為受益人於保險事故發生時仍生存即可）。惟若受益人故意致被保險人於死或雖未致死者，喪失其受益權（保險法第一百二十一條第一項）。這裡會產生一個問題，就是保險法第五條規定，被保險人與要保人均可指定受益人，但若要保人或被保險人約定的受益人不同時，究竟保險公司是應與被保險人約定？還是應與要保人約定？按目前保險實務的運作來說，由於要保人才是保險契約的當事人（被保險人僅為保險契約關係人），所以保險契約受益人的決定應依要保人的意思為之。不過，由於人身保險畢竟是以被保險人的生命身體為保險標的，為避免可能的道德危險，因此有學者主張要保人指定受益人，應適用保險法第一百零六條「人壽保險契約權利移轉」之規定，須經被保險人書面承認，否則不生效力。

保險契約可分為受益人已確定與受益人未確定兩種。受益人已確定是指保險契約成立時，要保人已指定某特定人為受益人。而所謂受益人未確定，則指保險契約成立時，要保人並未指定某特定人為受益人。此時依保險法第五十二條：「為他人利益訂立之保險契約，於訂約

時，該他人未確定者，由要保人或保險契約所載可得確定之受益人，享受其利益。」之規定來確定受益人。所謂「由要保人可得確定之人」，係指於保險契約成立後，保險事故發生前，要保人所指定之人。而「保險契約所載可得確定之受益人」，係指依保險契約記載的內容，可以確定受益人的情形而言，例如受益人雖未記載姓名，但卻記載「要保人之夫」，則此時即以要保人之丈夫為受益人。

另外，雖然要保人於訂約時或訂約後指定受益人，但此並非表示要保人於保險期間不得再予變更或指定，故保險法第一百十一條規定：「受益人經指定後，要保人對其保險利益，除聲明放棄處分權者外，仍得以契約或遺囑處分之。」不過，此條所規定的「保險利益」，應該是指「保險契約利益」，而要保人的保險契約利益即是變更或指定受益人的權利。因此，要保人在指定受益人後，若未聲明放棄其保險契約利益處分權，在保險事故發生前，仍得變更受益人。要保人為受益人的變更，不須要經過保險人之同意，但非經通知不得對抗保險人。那要保人變更受益人需不需要經過被保險人同意呢？如前所述，為避免道德危險的產生，學者多認為應該經過被保險人之同意。故實務上保險法第一百十一條第二項之「通知」，乃是指要保人將保險單及被保險人之同意書送交保險公司批註於保險單後，才能生效。

第二種情形則是以要保人自身或被保險人為受益人。以要保人自身為受益人的保險契約稱為「為自己利益的人壽保險契約」，此時若要保人與被保險人並非同一人，依保險法第一百零五條規定，非經被保險人書面同意，並約定保險金額，其契約無效。除此之外，人壽保險契約也可以他人為受益人，此為「為他人利益的人壽保險契約」，此時的「他人」，即可為被保險人。不論是前述由要保人或被保險人約定之人為受益人或以要保人自身或被保險人為受益人，都是受益人確定或可得確定的情形。但若要保人於訂約時，未指定受益人，訂約後要保人又未指定受益人時，則在死亡保險或生死兩合保險的情況，依保險法第一百十三條之規定，保險金即作為被保險人之遺產。

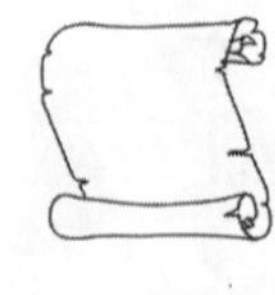

本案結論

如前所述，玉芳以自己為要保人及被保險人投保人壽保險，若有其他考量，也可以不要馬上指定受益人，祇要玉芳沒有聲明放棄其保險契約的利益，於保險期間內仍然可以指定受益人。而且縱使玉芳已經指定受益人，仍然可以加以變更，祇是要記得將變更的情事通知保險人，否則受益人的變更不能對抗保險人。又雖然依保險法受益人並無任何資格之限制，惟現行保險實務，為避免可能的道德危險，保險公司多要求受益人亦需具備保險利益，這點玉芳要特別注意。

相關法條

保險法第五條、第五十二條、第一百零五、第一百零六、第一百一十條、第一百一十一條、第一百一十三條、第一百二十一條。

第六節　離婚的丈夫可不可以為受益人？

案例敘述

經過詳細的考慮，玉芳還是決定於自己為要保人及被保險人的人壽保險契約中，將受益人指定為先生國明。因為這樣國明可以利用這筆保險金將兒子翰翰撫養長大。可是玉芳跟國明的感情時好時壞，玉芳想知道一旦她和國明離婚了，國明是不是仍然保有受益人的身分？另外若玉芳與國明離婚後再與第三人結婚，國明為受益人的情況會不會不同？

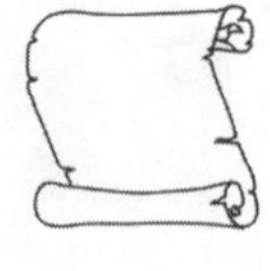

內容解析

按人壽保險契約之受益人產生的方式有二種，一種係由被保險人或要保人所約定，另一種即由要保人自身或被保險人為之。若要保人未指定受益人者，該保險金即作為被保險人之遺產（保險法第一百十三條參照）。而依保險法第一百零八條第二款規定保險契約須載明「受益人姓名及與被保險人之關係或確定受益人之方法」，所謂確定受益人之方法並非一定要記載受益人之姓名，也可以用概括的方式指定受益人，例如在受益人欄僅記載「配偶」、「夫」或「兒子」，而並非具體之姓名。不過，就算已經指定受益人，於保險事故發生前，要保人還是可以隨時加以變更，惟若未履行通知義務，則不可以對抗保險公司（保險法第一百十一條參照）。

若妻以自己為要保人及被保險人投保人壽保險契約，並指定夫為受益人，而在於夫妻離婚之後，受益人欄所載的受益人（離婚之夫），是不是仍然享有受益權？關於這個問題，學說上有兩種不同意見，採否定者主要認為夫妻間會彼此指定為受益人，就是緣自於婚姻的親密與信賴關係，離婚後這項基礎不再，當然不得再享有受益權。但是司法院第一廳七十四年二月二十四日（74）廳民一字第〇一〇四號函則採肯定的見解。該函認為妻的受益權（本例中為夫）係源自契約的指定，並非來自婚姻關係，除非要保人於離婚後已依保險法第一百十一條第一項之規定，另外變更受益人，否則其離婚的妻子仍然為受益人，不受其婚姻關係影響。不過，這個原則僅適用於在受益人欄明確記載丈夫之姓名或雖僅記載「丈夫」，但妻於離婚後並未再婚的情形。若妻於離婚後已再與第三人結婚，則此時衡諸當事人的真意，受益人欄中所記載之「丈夫」，應指再婚後的丈夫，而非原來之配偶。

本案結論

由前述可知，若玉芳於保險契約之受益欄明確記載國明的姓名，則依實務之見解除非玉芳於離婚後依保險法第一百十一條第一項之規定，另外變更受益人，否則國明仍然為受益人，不受其婚姻關係消滅而影響。但若玉芳僅於受益人欄記載「丈夫」之字樣，則此時受益人就會視玉芳於離婚後是否再婚，而會有不同的結論。

相關法條

保險法第一百零八條、第一百一十一條、第一百一十三條。

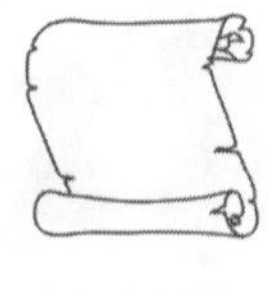

第七節　未成年人為受益人時，如何行使其受益權？

案例敘述

玉芳心想若指定國明為人壽保險契約的受益人，而離婚後又未依保險法第一百十一條之規定變更受益人，則依實務的見解，於保險事故發生時，國明還是法律上的受益人，享有向保險人請求保險金之權利。玉芳愈想愈不甘心，所以玉芳想直接把受益人指定為翰翰，可是翰翰今年才十歲，玉芳不知道未成年人可不可以作為受益人？又未成年人為受益人時要如何行使權利？

內容解析

保險法第五條規定：「本法所稱受益人，指被保險人或要保人約定享有賠償請求權之人，要保人或被保險人均得為受益人。」因此，受益人為要保人或被保險人所約定，於保險事故

發生時得向保險人請求保險金之人。至於受益人之積極資格，保險法並無限制，祇要其於得請求保險金額時仍生存（保險法第一百十條第二項參照），且未故意致被保險人於死或雖未致死時（保險法第一百二十一條第一項），即得享有受益權。且縱使受益人不知其為保險契約之受益人，亦不妨礙其為受益人之資格。因此，未成年人亦得被指定為受益人。

惟若未成年人被指定為受益人，其得否於保險事故發生時以自己名義向保險人請求保險金？因為保險人給付及受益人受領之行為，涉及保險金債權之滿足與保險金債務之消滅，自屬法律行為之一種。受領保險金既為法律行為之一種，依法就必需是滿二十歲或未成年人已結婚之完全之行為能力人，才能單獨有效的為意思表示。若滿七歲以上未滿二十歲且未結婚之人，僅具有限制行為能力，依民法第七十七條之規定，限制行為能力人為意思表示及受意思表示，應得法定代理人之允許。惟限制行為能力人為意思表示及受意思表示係「純獲法律上之利益」或依其年齡及身分為「日常生活所必需」者，不在此限。則未成年人為保險契約之受益人，而受領保險金，是否即屬於民法第七十七條所稱之「純獲法律上之利益」？而得由未成年人自己單獨為之，不用得法定代理人之允許？依法務部八十二年五月六日法(82)律字第○八八二八號函曾為以下之解釋：「按支領月退休金之教師亡故所給與之撫慰金，係法律規定對於遺族所為之給付，性質上屬於公法上特定目的之給付（學校教職員退休條例第十四條之一參照），應由其遺族檢具相關證明文件經審核後始可發給，即須履行一定之法定程序，與民法第七十七條但書所稱純獲法律上利益，係指於同一行為中，限制行為能力人單純享有法律上利益，而不負擔任何法律義務者有別。故其遺族為未成年子女，應由其法定代理人請領；如無法定代理人或法定代理人不能行使、負擔對於未成年子女之權利、義務時，應依民法第一千零九十四條規定之順序定其監護人，再以其為法定代理人請領之。」由法務部前述函釋看來，祇要須檢具相關證明文件經審核後，也就是須履行一定之法定程序始可發給的金額，即與民法第七十七條但書所稱純獲法律上利益有別。而未成年之受益人請領保險金，亦需履行一定之法律程序，衡諸前揭函釋之意旨，自應得其法定代理人之允許。

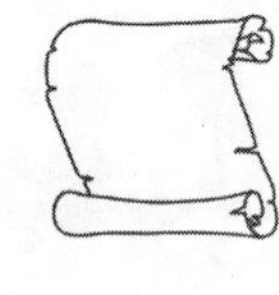

本案結論

因此，縱使玉芳將受益人指定為翰翰，由於翰翰為未成年人，其請領保險金之行為仍應得法定代理人之允許。依民法第一千零八十九條之規定，未成年人之法定代理權，原則上由父母雙方共同行使之，若父母一方不能行使權利，由他方行使之。而當翰翰得行使其受益權時，即代表保險事故已發生（玉芳已死亡），合於父母一方不能行使權利之情形，因此還是須由國明行使法定代理人允許之權利。

相關法條

民法第七十七條、第一千零八十九條、保險法第五條、第一百一十條、第一百一十一條、第一百二十一條。

第八節　被保險人與受益人同時死亡，保險金額應該歸於何人？

案例敘述

志明以自己為要保人及被保險人投保人壽保險，且為了報答父母的養育之恩，特別將受益人指定為父親，希望在自己發生意外後，父母可以以這筆保險金安養天年。志明知道法律規定受益人必須活得比被保險人久，才可以領取保險金。可是如果被保險人志明與受益人父親於同一個意外事故死亡，無法得知先後之順序，那保險金到底應該由誰受領？

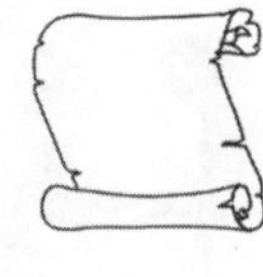

內容解析

依保險法第一百十條第二項規定，受益人以於請求保險金額時生存者為限（但多數學者認為受益人於保險事故發生時仍生存即可）。也就是說受益人須於保險事故發生時還活著，才能向保險公司請領保險金；否則若受益人先於被保險人死亡，而又未變更指定其他的受益人，則此時保險契約就視為未指定受益人的情況，而將保險金視為被保險人的遺產。若受益人於保險事故發生後始死亡，則應認受益人之受益權於保險事故發生之時點已確定，而後受益人死亡，則保險金應為受益人之遺產。所以，被保險人與受益人死亡之先後，關係著保險金的歸屬，影響十分重大。

惟若被保險人與受益人於同一意外事故死亡，但不能確定是誰先死亡時，應如何認定？民法第十一條規定：「二人以上同時遇難，不能證明其死亡之先後時，推定其為同時死亡。」法律之所以於前述情形推定其同時死亡，乃是為了簡化彼此間的繼承關係。此時縱同時死亡的二人間互有親屬關係，法律也不認為其彼此間有相互繼承之權利。法律既推定於保險事故發生時被保險人與受益人同時死亡，則此時受益人也就不符合須於保險事故發生時仍生存的要件，自不能向保險公司請領保險金。此時，保險金應作為被保險人的遺產，即由被保險人的法定繼承人來繼承。當然，前項被保險人與受益人同時死亡之「推定」，還是可以以反證來推翻的。

本案結論

依前所述，若志明與父親不幸於同一意外事故中喪生，而不能證明誰先死亡時，則法律推定二人同時死亡。此時為被指定為受益人之父親因而喪失其受益權，保險金成為志明之遺產，而由志明之繼承人繼承。反之若能證明於此意外事故中，志明先於其父親死亡，則其父親之受益權已告確定，就得由志明父親之繼承人來向保險人請求。

相關法條

民法第十一條、保險法第一百一十條。

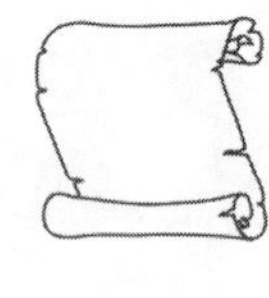

第九節　被保險人失蹤時，受益人如何行使其受益權？

案例敘述

志明知道投保死亡保險，一旦保險事故發生（被保險人死亡），受益人就可以向保險人請求保險金額。一般而言，死亡的定義十分明確。可是俗話說「活要見人，死要見屍」，如果被保險人並非明確的已經死亡，而是遭受意外事故後失蹤，則此時法律關係懸而未決，受益人是不是永遠都沒辦法向保險人請求保險金？

內容解析

死亡保險，係以被保險人之死亡事故為保險金之給付時期。而法律上所謂之死亡，除了人之自然生理上之死亡外，尚包括擬制之死亡。而擬制之死亡，指因特定事故之發生，因一

定期間之經過，經由法律所規定之死亡宣告程序，以死亡宣告判決所確定死亡時，推定被宣告死亡者死亡（民法第九條第一項參照）。

所謂失蹤，是指失蹤人離去其最後住所或居所而陷於生死不明之狀態。由於失蹤之人不一定死亡，所以無法以失蹤為理由向保險公司申請理賠。依財政部核定之人壽保險單示範條款第十條規定：「被保險人在本契約有效期間內失蹤者，如經法院宣告死亡時，本公司根據判決內所確定死亡時日為準，依本契約給付身故保險金……但日後發現被保險人生還時，受益人應將該筆已領之身故保險金於一個月內歸還本公司。」因此，若被保險人失蹤，祇要履行宣告死亡之程序，還是可以請領保險金的。

但應該如何為死亡之宣告？依民法第八條之規定，失蹤人失蹤經過法定期間，法院得因利害關係人或檢察官的聲請，為死亡宣告。所謂「利害關係人」，係指對於死亡宣告於法律上有利害關係之人而言。例如失蹤人的配偶、繼承人、法定代理人、受贈人、債權人、人壽保險金受領人、國庫及其他因失蹤人死亡宣告，有身分上或財產上利害關係之人。而法定失蹤期間，有普通期間與特別期間兩種。普通期間以七年為原則，但失蹤人為八十歲以上者，則縮短為三年（民法第八條第一、二項參照）。特別期間則為一年，這是為顧及失蹤人遭遇戰爭、海難、空難、地震、大水災、大火災、暴風雪，以及其他「特別災難」而設的特別規定（民法第八條第三項參照）。除了前述民法之規定外，民用航空法第九十八條對於因航空器失事，

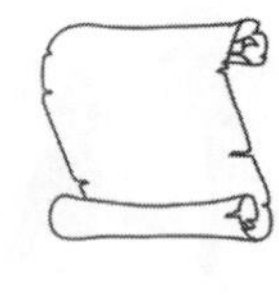

致所載人員失蹤，另外設有特別規定，亦即失蹤人於失蹤滿六個月後，法院即得因利害關係人或檢察官的聲請，為死亡宣告。

被保險人失蹤後，受益人可以利害關係人之身分聲請法院為死亡宣告，俟死亡宣告後，再檢具證明文件，向保險公司申請理賠。但在未為死亡宣告之前，保險契約既然仍屬有效，要保人仍須於保險期間內繼續繳交保險費。而失蹤人失蹤後，未受死亡宣告之前，其財產應由為失蹤人而設置的財產管理人管理，財產管理人應以善良管理人的注意，保存財產，並得為有利於失蹤人的利用或改良行為。若被保險人亦為要保人時，則死亡宣告前，保險費應由其財產管理人繼續繳交，若財產管理人不為繳交，受益人得以利害關係人身分，代要保人交付保險費（保險法第一百十五條參照），使保險契約繼續保持效力。而如果最後經過治安單位調查結果，證明被保險人確實於死亡宣告判決內所確定死亡時之前，即已死亡者，則自被保險人死亡之日以後所繳交的保險費，保險公司即應加以返還。

本案結論

如上所陳，如果被保險人志明因意外事故失蹤，經過法定的期間後，保險契約受益人即可以利害關係人之身分，聲請法院以判決宣告被保險人死亡。而保險公司也將根據判決內容所確定死亡時間為準，依保險契約給付身故保險金，使法律關係不致懸而未決。不過要特別注意的是，在未為死亡宣告之前，要保人或失蹤人之財產管理人仍須繼續繳交保險費，才能使保險契約繼續保持效力。

相關法條

民法第八條、第九條、保險法第一百一十五條、民用航空法第九十八條、人壽保險單示範條款第十條。

第十節　可以透過那些管道來購買保險？

案例敘述

志明想要投保一個人壽保險契約，而依保險法規定，保險契約當事人為保險人及要保人。可是保險公司那麼大，究竟應該要找誰來辦理投保的手續？而志明有一個好朋友美玲在從事保險經紀人的工作，如果志明透過她來向保險公司投保，這樣的保險契約有沒有效力？

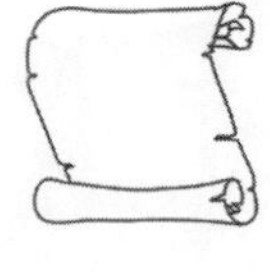

內容解析

保險法規定，保險契約為要保人向保險人「申請訂立」，而後經保險人「承諾」的契約。因此在實務上，要保人表示投保之意願後，保險公司會先提供要保書，請要保人誠實回答上面所列的問題，例如個人資料、身體狀況等等。要保人在回答完問題並簽名蓋章，把要保書交還給保險公司之後，保險公司便會將保險單交給要保人存查。保險單裡列有保險契約條款和要保書上填寫的資料，並蓋有保險公司的印章，這樣就算是完成了訂立保險契約的程序。

而依據保險法的規定，要保人祇要經由下列途徑投保，都可以算是有效的保險契約：

(一)要保人或被保險人直接向保險公司投保

要保人祇要直接到保險公司，向客服人員表示要購買保險契約。在熟讀並了解保險單上的各項規定後，若同意保險單上的約定，即可以在要保書上簽名蓋章，並繳交保險費，這樣保險契約就成立了，這是最直接的方法。當然，隨著時代的進步，也有保險公司透過「直效行銷」或「網路」的方式來販賣保險商品。直效行銷是指利用郵寄或報章回函的方式，用很簡單的文字來介紹很便宜的保險。而投保的方式也很簡便，祇要填寫基本資料後寄回，很快就可以得到保險人的回應。而網路投保也是一種新興的管道，不過礙於法律的規定，目前僅於產物保險的部分商品比較完備。

(二)透過保險代理人公司向保險公司投保

所謂保險代理人，依保險法第八條之規定為「根據代理契約或授權書，向保險人收取費用，並代理經營業務之人。」其資格取得及執業許可及限制，依財政部所頒布保險代理人、經紀人、公證人管理規則之規定。保險代理人公司依主管單位核准成立後，即可與保險公司簽訂保險代理合約，代理該保險公司執行業務，接受要保人或被保險人之要保，並依相關規定訂立保險契約並代收保險費。所以要保人或被保險人的要保行為經保險代理人公司承諾並繳交保險費後，保險契約即視為成立。

(三)透過保險經紀人公司向保險公司投保

所謂保險經紀人，依保險法第九條之規定為「指基於被保險人之利益，代向保險人洽訂保險契約，而向承保之保險業收取佣金之人。」其資格取得及執業許可及限制，與前述保險代理人一樣，皆於財政部所頒布之管理規則規定。而此類公司也須經主管單位核准後才能成立，其主要職掌為代替被保險人向保險公司洽訂適當的保險契約，並經由其所掌握要保人之多寡而向保險人爭取有利之契約條件。而被保險人也可透過保險經紀人公司代為向保險人繳交保險費。

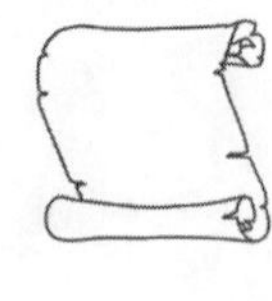

㈣透過保險公司的業務員向保險公司投保

所謂保險業務員，依保險法第八條之一規定，為「為保險業、保險經紀人公司、保險代理人公司，從事保險招攬之人。」雖然保險業務員的定義很廣泛，不過，實務上通常是指由保險公司所僱用的業務員。保險業務員需先參加業務員資格測驗，並向公會辦理登錄，領到業務員登錄證之後，才可以拓展保險業務，並以他們專業的保險知識與經驗，為被保險人從事保險的規劃與服務。

本案結論

如前所述，保險法雖然規定，要保人應向保險人申請訂立保險契約，但並非祇有直接向保險人洽訂的保險契約才有效。所以，要保人可以視自己的需求與便利向保險代理人、保險經紀人或保險業務員洽訂保險契約。因此，若美玲領有保險經紀人資格證書，並依據財政部所頒布的管理規則執行業務，則志明透過美玲向保險人訂立的保險契約也是有效的。

相關法條

保險法第八條、第八條之一、第九條。

第十一節　保險人與代理人、經紀人、業務員間之關係

案例敘述

志明現在才知道原來除了直接與保險公司簽訂保險契約外，還可以透過保險代理人、保險經紀人及保險業務員來投保，實在很方便。可是不知道這些人與保險公司間究竟是怎麼樣的關係？志明擔心保險事故發生後，保險公司會不會不承認透過保險代理人、保險經紀人及保險業務員所訂立的保險契約，而拒絕理賠？

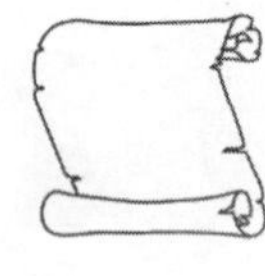

內容解析

所謂保險代理人，保險法第八條之規定為「根據代理契約或授權書，向保險人收取費用，並代理經營業務之人。」因此，保險代理人與保險公司之關係，端視其與保險公司之「授權內容」及「代理契約」而定。也就是說，保險代理人僅於代理契約之授權範圍內得代理保險公司為法律行為。因此，要保人或被保險人透過保險代理人訂立保險契約時，要特別注意其經保險公司授權之範圍。若保險代理人經保險公司授與「核保」及「承保」的權限，則於保險代理人接受要保並收受保費時，保險契約即成立。但若保險代理人沒有上述權限，則必須另外經保險公司承保後，保險契約始生效力。而依民法第二百二十四條規定：「債務人之代理人或使用人，關於債之履行有故意或過失時，債務人應與自己之故意或過失負同一責任。」因此，祇要是保險代理人經保險人授權範圍內所為的行為，保險人都必須負責，要保人不須太過擔心。

而所謂保險經紀人，依保險法第九條之規定為「指基於被保險人之利益，代向保險人洽訂保險契約，而向承保之保險業收取佣金之人。」從條文的文義可知，保險經紀人是基於被保險人的利益，而向保險人尋求訂約的機會，故保險經紀人並非以保險人之利益為考量。而

雖然法條規定，保險經紀人得向保險公司收取佣金，但事實上保險人還是會將佣金轉嫁於要保人之保險契約，因此也不能以佣金之領取，而認為保險經紀人為保險人之代理人。至於保險經紀人是否為被保險人之代理人，則仍須視其與被保險人經紀契約約定的範圍為準。若有授與代理訂立契約之權，自可謂係被保險人之代理人，若無約定，則僅被保險人有訂立契約之權而已。而透過保險經紀人與保險人訂立保險契約，事實上與被保險人自己與保險人訂立契約一樣，雙方的權利義務仍以保險契約內容為準。

最後，所謂保險業務員，依保險法第八條之一之規定，為「為保險業、保險經紀人公司、保險代理人公司，從事保險招攬之人。」不過，實務上通常是指由保險公司所僱用的業務員。從法條的文義可知，保險業務員之權限僅在於「招攬保險」。而所謂「招攬保險」之行為，依保險業務員管理規則第十五條第三項係指：(1)解釋保險商品內容及保險單條款(2)說明填寫要保書注意事項(3)轉送要保文件及保險單(4)其他經所屬公司授權從事保險招攬之行為。一般而言，保險公司會賦予業務員收費之權限，惟保險公司相關業務之「核、承保」及「理賠」，則不在業務員之授權範圍內。而依保險業務員管理規則第十五條第一項規定：「業務員經授權從事保險招攬之行為，視為該所屬公司授權範圍內之行為，所屬公司對其登錄之業務員應嚴加管理並就其業務員招攬行為所生之損害依法負連帶之責任。」因此，要保人祇要是經由保險公司所登錄之業務員投保，保險公司就必須於其授權範圍內與保險業務員負連帶之責任，

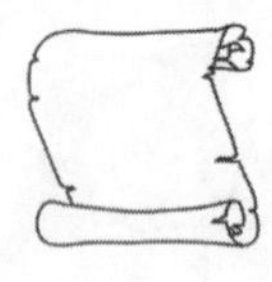

對要保人亦較有保障。

本案結論

不管是透過保險代理人、保險經紀人或保險業務員投保，都提供了要保人一個較便利的投保途徑。而且，透過前述管道投保，也較直接向保險公司投保有較多的協議空間，所以對要保人應屬較為有利。祇是若透過保險代理人及保險業務員投保，要特別注意其行為是否屬於保險人所授權之範圍。至於保險經紀人，由於其並不屬於保險人之代理人，僅係為被保險人之利益，代向保險人洽訂保險契約，因此保險人並不須為保險經紀人之行為負責，故要保人在選擇保險經紀人時要特別加以留意。

相關法條

民法第二百二十四條、保險法第八條、第八條之一、第九條、保險業務員管理規則第十五條。

第十二節　何謂「責任準備金」？在甚麼情況，保險人應返還責任準備金？

案例敘述

雖然人壽保險契約兼有保障及儲蓄的功能，確實是很好的理財方式。可是由於保險期間往往很長，志明很擔心若屆時付不出保險費該怎麼辦？是不是保險人可以沒收所有已繳納的保險費？也就是說，志明想知道若人壽保險契約中途因故終止時，要保人能不能向保險公司請求給付任何金額？

內容解析

保險法第十一條規定：「本法所稱各種責任準備金，包括責任準備金、未滿期保費準備金、特別準備金及賠款準備金。」而保險法第一百四十五條亦規定：「保險業於營業年度屆

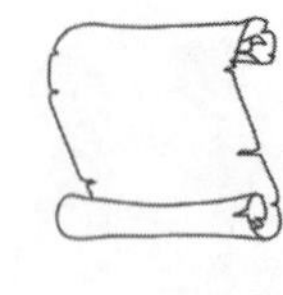

滿時，應分別保險種類，計算其應提存之各種責任準備金，記載於特設之帳簿。」因此，保險人依法有提存各種責任準備金之義務。而所謂責任準備金，就是保險人為將來會發生的債務而提存的款額，屬於保險人的負債。

所謂將來會發生的債務，一般是指保險金的支付、保險契約解除時的解約退還金，乃至保險人停止營業時將契約轉移給其他保險人所需的再保險費等等。總而言之，就是保險人為了將來保險契約上可能之責任而先予提存的準備金。

而責任準備金的計算，因為各種保險契約的保險期間、繳費方式並不相同，若要按照各個契約分別計算責任準備金實有困難，所以必須按照一定的方法計算。目前依財政部規定，決算時採用期中式責任準備金，而分五歲年齡組之小集團計算。以養老保險為例，五十歲以上的契約按各歲計算，五十歲以下者每五歲分一組，依其中央年齡之責任準備金率來計算，以顧及計算方式的合理及簡便。

依保險法規定，保險公司在下列情況，有返還責任準備金的義務：

第一依保險法第一百十六條第四項規定，保險費逾寬限期間，而要保人仍不交付時，保險人有終止契約之權。而第一百十七條第三項規定，保險契約終止時，若保險費已付足二年以上，保險人應返還其責任準備金（九十年修正為保單價值準備金）。

第二依保險法第一百零九條「被保險人自殺者」、第一百二十一條「受益人故意致被保險人於死者」，這些情況保險人均不需給付保險金，但保險人應將責任準備金（九十年修正為保單價值準備金）給付與其他應得之人。而所謂其他應得之人，通常是指要保人。

另外一個與責任準備金類似的概念是所謂的解約金，依保險法第一百十九條規定，要保人終止保險契約，而保險費已付足一年以上者，保險人應於接到通知後一個月內償付解約金；其金額不得少於要保人應得責任準備金（九十年修正為保單價值準備金）之四分之三。因此，解約金的多寡視責任準備金額而定。而保險公司償付解約金時，若有保單貸款、墊款等費用，保險公司會先扣除本息後再償付。

本案結論

如前所述，若志明的保險費已付足二年以上，後來卻因為經濟困難，超過寬限期限仍未繳納保險費，而遭保險人終止契約。依保險法之規定，保險人仍應返還其責任準備金（九十年修正為保單價值準備金），而並非將已繳納之保險費全部沒收。因此，志明仍可以放心的購買保險契約。

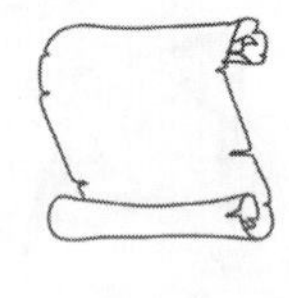

相關法條

保險法第十一條、第一百零九條、第一百一十六條、第一百一十七條、第一百一十九條、第一百二十一條、第一百四十五條。

第十三節 何謂「保險利益」？男女朋友可否互為被保險人？

案例敘述

志明有一個交往三年的女朋友曉菁，兩人感情十分穩定，也有共度終身的打算。不過，由於志明尚未有穩定的經濟基礎，兩人決定過幾年後再結婚。下個星期就是兩人交往的週年紀念日，志明想要以曉菁為被保人投保人壽保險，可是聽說男女朋友間沒有「保險利益」不能互為投保。到底甚麼是保險利益？為甚麼沒有保險利益就不能投保？

內容解析

保險制度的目的，就是透過共同團體的組成，於保險事故發生時，分擔被保險人的風險。而保險事故的發生，乃係基於不可預料或不可抗力的因素。因此，若保險事故之發生，係基於人謀不臧，圖謀巨額保險金，就失去了保險制度的美意。為避免前述情形，保險法特別於第三條規定：「本法所稱要保人，指對保險標的具有保險利益，向保險人申請訂立保險契約，並負有交付保險費義務之人。」另於第十七條規定：「要保人或被保險人，對於保險標的物無保險利益者，保險契約失其效力。」以避免道德危險的產生。

所謂保險利益，是指要保人對保險標的所存在的一種利害關係。而所謂「保險標的」，在財產保險是投保的財產，在人身保險則是指被保險人的生命、身體或健康。因此，我們說「保險利益」，並不是指要保人因保險而獲得利益，而是要保人必須對保險標的有某種利害關係的存在。既然要保人對於保險標的必須具有保險利益，那麼要保人對於甚麼人或甚麼事物才能算是具有保險利益呢？在財產保險，依保險法第十四、十五及第二十條規定來看，於保險標的對要保人或被保險人有經濟上之價值，即保險標的或物之毀損或滅失對於要保人或被保險人會造成財產上之損失者具有「保險利益」。而有關人身保險的保險利益，依保險法第十六條

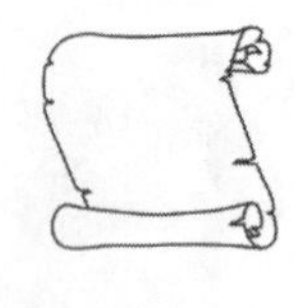

規定，要保人對下列各人的生命或身體有保險利益：

1. 本人：要人對自己的生命或身體有最大利益，當然具有保險利益。

2. 家屬：所謂「家屬」，依民法第一千一百二十三條規定：「家置家長。同家之人，除家長外，均為家屬。雖非親屬而以永久共同生活為目的同居一家者，視為家屬。」因此，可以說凡是以永久共同生活為目的而同居一家者，除家長外，均為「家屬」，而不論有沒有親屬之關係。家長與家屬共同生活，關係密切，可能有現在或將來賴以生活的經濟利益，所以要保人對於家屬的生命或身體有保險利益之存在。

3. 生活費或教育費所仰給之人：所謂生活費或教育費所仰給之人，係指實際供給生活費或教育費的人。因為這種人對要保人具有實際上的經濟利益，因此無論其與要保人是否同居，是否為親屬均在所不問。又此種保險利益有學者稱為「單向的保險利益」，因為其僅存在於生活費或教育費被供給人與供給人之間，供給人不得以被供給人為被保險人投保人身保險。

4. 債務人：債權人對於債務人，具有債權上的經濟利益，因為債權能否獲得清償，與債務人是否生存、死亡息息相關。所以，債權人對債務人有保險利益存在，得以債務人的生命或身體為保險標的，而與保險公司訂立保險契約。此項保險利益，除債務人所欠之本金外，尚包括利息及保險費，但不得超過要保人所可能遭受的損害，超過的部分即無保險利益。

5. 為本人管理財產或利益之人：要保人對於為其管理財產或利益之人，具有管理上的經濟利害關係，故有保險利益之存在。例如商號的經理人，公司組織的董事、監察人或執行業務的股東等等。

要保人除了對前述幾種人之生命、身體具有保險利益外，依保險法第二十條規定：「凡基於有效契約而生之利益，亦得為保險利益。」因此，要保人自亦可以基於有效契約而發生權利或義務之人為被保險人投保人身保險。

本案結論

志明與曉菁間男女朋友的關係，似乎不合於前述保險法第十六條各款的要件，因此，志明不可以曉菁為被保險人投保人身保險契約。但若志明與曉菁已經訂立婚約，情形會不會有所不同？這在學說上是有爭議的，採肯定說者認為，婚約亦屬於保險法第二十條所稱的「有效契約」，故依法未婚夫妻可互為要保人及被保險人。可是採否定說者認為，保險法第二十條僅適用於財產保險，而人身保險不適用之，因此未婚夫妻彼此間並無保險利益存在。因此，為避免日後發生保險契約效力的爭議，不管志明與曉菁是男女朋友還是未婚夫妻，還是以自己為要保人及被保險人投保人身保險契約最為可靠。

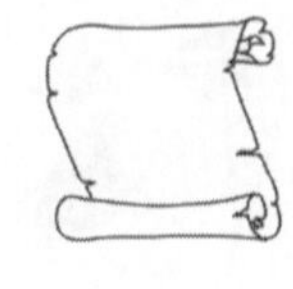

相關法條

民法第一千一百二十三條、保險法第三條、第十四條、第十五條、第十六條、第十七條、第二十條。

第十四節 保險利益存在之時期

案例敘述

保險法規定要保人對於保險標的物要有保險利益存在，否則保險契約失其效力。那麼若玉芳以先生國明為被保險人訂立人壽保險契約，而在保險契約有效期間，兩人離婚，則保險契約是否仍有效力?也就是說，保險利益是訂立契約時存在即可，抑或是整個保險期間內要保人都須具有保險利益，保險契約才有效力?

內容解析

保險法第十七條規定：「要保人或被保險人，對於保險標的物無保險利益者，保險契約失其效力。」從法條文義看來，要保人似乎必需於整個保險期間都具有保險利益，否則保險契約就會失其效力，但其實不然。雖財產保險契約或人身保險契約要保人對於保險標的物均需具有保險利益，但因為兩者契約性質不同，因此，兩者契約保險利益存在之時期亦有所不同。

所謂保險利益，是指要保人對保險標的所存在的一種利害關係。所謂「保險標的」，在財產保險是投保的財產，在人身保險則是指被保險人的生命、身體或健康。而於保險事故發生時，保險標的物的喪失，對要保人會造成損害。在財產保險因保險標的物的價值可以金錢價值加以估計，因此，僅能於要保人因保險事故發生時所可能遭受的損害範圍予以賠償，就是所謂損害填補原則。也正因為財產保險填補損害的特性，故若要保人於訂立保險契約時有保險利益，而於保險事故發生時已失去保險利益，則保險標的物之喪失對要保人而言已無任何損失，此時保險人自可不予賠償。因此，財產保險契約之保險利益存在時期，應以保險事故發生時要保人仍具有保險利益，保險契約方屬有效。

而在人身保險，因人之生命、身體無法以金錢價值予以估計。因此，大部分學者皆認為人身保險不適用所謂損害填補原則（亦有學者認為人身保險根本沒有保險利益概念的適用）。而人身保險既不適用於損害填補原則，保險利益於保險事故發生時估計損害的功能即無法發揮，因此，學者通說認為祇要投保時，要保人與被保險人間具有保險法第十六條所列之關係，而存在有保險利益。其後雖已失去該條所規定之關係而欠缺保險利益，但要保人仍得繼續繳付保險費，維持保險契約之效力，而於保險事故發生時，由受益人向保險人請求保險金額。

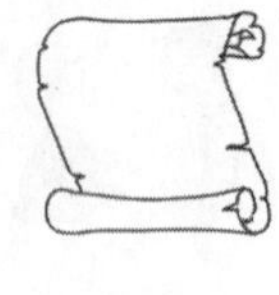

本案結論

玉芳與國明原為夫妻關係，合於保險法第十六條第一款家屬之要件，因此，玉芳得以國明為被保險人訂立人壽保險契約。雖然，嗣後玉芳與國明離婚，而喪失保險利益，但是依學說通說的見解，人身保險的保險利益於訂約時存在即可，且基於人壽保險契約寓有投資、儲蓄的特性，此人壽保險仍屬有效。玉芳自得繼續繳付保險費，而於保險事故發生時，由受益人向保險人請求保險金。

第十五節　父母為已出嫁獨立生活的女兒投保人壽保險是否有效？

相關法條

保險法第十六條、第十七條。

案例敘述

志明將保險制度的好處告訴父母後，志明的父親除了幫自己及志明的母親投保人壽保險外，也想幫志明的姐姐玉芳一併加以投保。可是，志明卻聽朋友說，父母不可以為已嫁為人婦的女兒投保人壽保險。志明覺得很納悶，父母跟子女不是具有直系血親的密切關係嗎？難道父母對已出嫁的女兒就沒有保險利益的存在嗎？

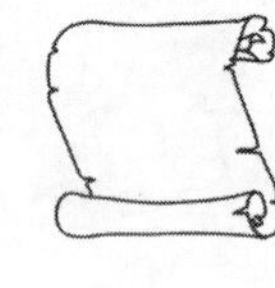

內容解析

保險法第三條規定：「本法所稱要保人，指對保險標的具有保險利益，向保險人申請訂立保險契約……」而第十七條規定：「要保人或被保險人，對於保險標的物無保險利益者，保險契約失其效力。」因此，要保人必須對保險標的有某種利害關係的存在才可以加以投保。那麼，究竟父母對於已出嫁的女兒有沒有保險利益？關於這個問題，法院實務上曾經有不同的見解：

1. 肯定說：我國保險法第十六條雖未明定親屬間彼此具有保險利益，但是由於民法第一千一百十四條第一款至第三款規定，直系血親相互間與兄弟姐妹間相互負扶養義務，所以可推定此等親屬相互間互有保險利益。而實際上是不是同居一家，或兼有金錢上的期待利益，均可不論。因此，要保人為已出嫁獨立生活女兒投保保險契約，其契約有效。

2. 否定說：司法院司法業務研究會第三期座談會則認為，要保人以他人之生命或身體為保險標的者，必須對被保險人有合法保險利益。保險法第十六條所定人身保險之保險利益。其第一款所謂「家屬」，係指民法第一千一百二十三條所定，以永久共同生活為目的而同居一家之人而言。其第二款所謂「生活費或教育費所仰給之人」，係指現實負有扶養義務之人，及其他實際供給生活費或教育費之人。已出嫁獨立生活之女兒，並非該條所稱「家屬」或「生活費或教育費所仰給之人」。亦與該條第三款、第四款所定情形不同。故要保人對已出嫁獨立生活之女兒，並無保險利益。雖民法第一千一百一十四條第一款規定，直系血親相互間互負扶養義務，但民法所定法定扶養義務，與保險利益本質上並不相同。保險利益旨在確保保險標的之安全，減少道德危險發生，故除法律有明文規定外，不能以有法定扶養義務，即遽認有保險利益。因此，要保人為已出嫁獨立生活女兒投保保險契約，其契約無效。

本案結論

志明的父母究竟可否替已出嫁的女兒玉芳投保人壽保險，如前所述，實務上有正反不同的見解。不過，在保險實務上，保險公司通常會較站在商業的考量，而認為父母對已出嫁的女兒仍具有保險利益而接受其要保。因此，志明的父親還是可以自己為要保人，玉芳為被保險人投保人壽保險契約。

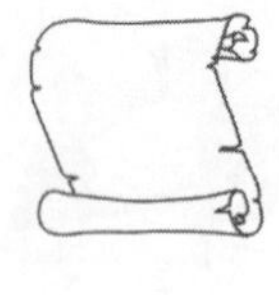

第十六節 保險契約是要物契約？要式契約？

相關法條

民法第一千一百一十四條、第一千一百二十三條、保險法第三條、第十六條、第十七條。

案例敘述

志明想透過從事保險經紀人工作的好友美玲購買人壽保險契約，美玲拿了一份要保申請書給志明，告訴志明要先去體檢，並準備繳納第一期之保費。志明覺得很納悶，是不是一定要先交保險費，保險契約才會成立生效？又若要保人給付保險費後，保險人並未立即交付保險單，這樣保險契約還有沒有效力？

內容解析

保險法第二十一條規定：「保險費分一次交付及分期交付兩種。保險契約規定一次交付，或分期交付之第一期保險費，應於契約生效前交付之。但保險契約簽訂時，保險費未能確定者，不在此限。」由此條文義看來，保險契約似乎為要物契約（以保險費之交付為契約之生效要件）。但是依保險法第一百十六條第一項規定：「人壽保險之保險費到期未交付者，除契約另有訂定外，經催告到達後逾三十日仍不交付時，保險契約之效力停止。」及同條第四項規定：「保險人於第一項所規定之期限屆滿後，有終止契約之權。」以及第一百十七條第二項規定：「保險費如有未能依約交付時，保險人得依前條第四項之規定終止契約，或依保險契約所載條件減少保險金額或年金。」由此可知，縱要保人未交付保險費，保險契約僅是得終止（契約成立後才有所謂終止之問題），而非因而無效。因此，在人壽保險契約係以保險費之約定而非保險費之交付為保險契約之生效條件，也就是說保險契約非為要物契約。

另外，依保險法第四十三條規定：「保險契約，應以保險單或暫保單為之。」而同法第四十四條第一項規定：「保險契約，由保險人於同意要保人聲請後簽訂。」因此，有學者據以認為保險契約為要式契約（必須履行一定書面要件契約才能成立），最高法院六十九年臺上字第二四六號判決也是採此種見解。但是保險契約畢竟仍為民法債權契約之一種，依民法第一百五十三條第一項規定：「當事人互相表示意思一致者，無論其為明示或默示，契約即為成立。」因此，保險契約無論是以言詞或其他行為，祇要足以顯示雙方願受特定條件之拘束時，保險契約即成立，不限於以書面的保單或暫保單為之。七十二年五月司法院司法業務研究會第三期及最高法院七十六年臺上字第五九五號判決均採用此見解。因此，保險契約應為不要式契約，即保險契約的成立，不以簽發保險單或暫保單為要件。

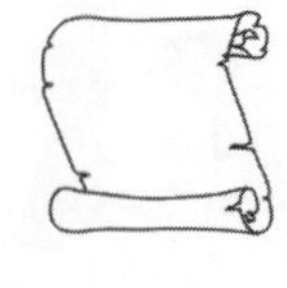

本案結論

由前述可知，保險契約應為不要式與不要物契約，也就是所謂的諾成契約，祇要當事人相互間意思表示一致即可成立。因此，志明並不一定要先繳保險費，保險契約才會成立，也不一定要以保險單或暫保單作為雙方權利義務的依據。不過，為了避免將來舉證上的困難，實務上還是均會要求要保人填寫要保書作為要約，然後經保險人審核後加以同意，並簽發保險單以為承諾，保險契約才正式成立。

相關法條

民法第一百五十三條、保險法第二十一條、第四十三條、第四十四條、第一百一十六條、第一百一十七條。

第十七節 被保險人繳納第一期保險費後，收到保險單之前，發生保險事故，保險公司要不要理賠？

案例敘述

雖然保險契約是不要物契約與不要式契約，祇要要保人要約及保險人承諾即可以成立。但是實務上保險公司通常會先預收保險費，於審核相關資料後，以簽發保險單來作為承諾的方式。若志明已填寫要保書並交付第一期保險費，在保險公司尚未核發保險單前，志明就不幸發生意外事故而死亡，則此時算不算保險人已為承諾？也就是說保險公司是否應對志明所指定的受益人負給付保險金之責任？

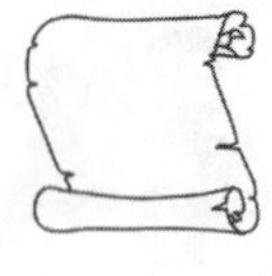

內容解析

在人壽保險實務上，通常是要保人填寫要保申請書附體檢聲明書並簽名，連同第一次的保險費交付給保險業務員，經保險公司審核，以決定是否承諾訂約。如果同意訂約，保險公司則簽發保險單予要保人。因此，保險公司雖已預收保費，事實上無法在要保人投保當時即出具保險單或暫保單。為解決此一問題，保險法施行細則第二十五條第三項規定：「人壽保險人於同意承保前，得預收相當於第一期保險費之金額。保險人應負之保險責任，以保險人同意承保時，溯自預收相當於第一期保險費金額時開始。」因此，即使是認為保險是要式契約的學者，也都承認此時保險公司的責任可以追溯到保險單或暫保單簽發之前。

但是保險公司預收保費後，若遲遲不肯作同意承保與否的表示，則對於被保險人頗為不利。因為，保險人可能會觀察被保險人的身體情況來判斷要不要核保。為解決這個情況，財政部於六十四年十月八日以臺財錢字第二〇二七六號函釋示：「人壽保險人於同意承保前，預收相當於第一期之保險費時，應於預收保險費後五日內為同意承保與否之意思表示，逾期未為表示者，視為同意承保」。而最高法院六十九年臺上字第三一五三號判決更進一步表示，人壽保險契約是在預收相當於第一期保險費時，附加保險人「同意承保」為「停止條件」的契約。因此，若依通常情形，保險公司應會同意承保（例如被保險人合於保險人所訂之「可保條件」），但是因為見到被保險人已經發生保險事故，而改變主意不同意承保，藉以免除給付保險金之責任，就是以不正當的行為阻止停止條件的成就，依民法第一百零一條第一項的規定，視為條件已成就（即視為保險人已同意承保），此時保險人仍應負擔給付保險金之責任。相反的，如果依照通常情形，保險人會拒絕承保（被保險人本來就不符合保險人之可保條件），儘管要保人第一期的保險費已繳納，於事故發生後，保險公司祇要把已收之保險費無息退還要保人即可，並不需要給付保險金。

本案結論

對於前述最高法院判決，雖然有學者批評其將「停止條件」及「成立要件」混為一談，顯係對保險契約的基本概念有所誤解。但該判決保護被保險人的出發點是值得我們肯定的。因此，保險公司若已收受志明繳納的第一期保險費，將來同意承保時，就應該追溯到收起第一期保險費時起生效。至於保險公司可否在知悉保險事故發生的事實後拒絕承保？為保障被保險人之權益，應參酌前述最高法院判決之精神，認為若保險公司不能證明志明於投保當時有不合於「可保條件」的事由，則不論保險公司嗣後是否同意承保，保險契約均應溯及於預繳保險費當時成立生效，而仍需於保險事故發生時給付保險金。

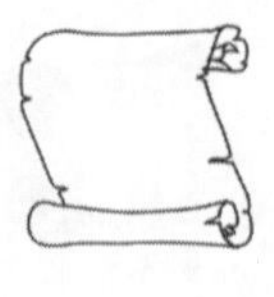

相關法條

保險法施行細則第二十五條、民法第一百零一條第一項。

第十八節　同時向數個保險公司投保數個人身保險契約有沒有效力？

案例敘述

志明本來已經透過當保險經紀人的好友美玲向民安保險公司購買終身人壽保險一百萬元，後來又因人情關係向於東海保險公司任職保險業務員的表弟文彬投保二百萬元的終身人壽保險。志明想知道，是不是投保越多保險契約，可以獲得的保障越多？而於保險事故發生時，是不是可以獲得每家保險公司之理賠？

內容解析

保險法第三十五條規定：「複保險，謂要保人對於同一保險利益，同一保險事故，與數保險人分別訂立數個保險之契約行為。」由前述可知，若以同一被保險人之生命、身體、健康分別向數個保險公司訂立死亡保險契約，則可能會構成複保險之情形。但若以同一被保險人向同一保險公司訂立數個保險契約，則不屬於保險法所稱之複保險。另外，因為複保險的立法是為了防止不當得利的產生，故有學者認為除了前述的定義外，應認數個保險契約合計的保險金額大於保險標的物價額，才有複保險規定的適用。

若構成保險法上所稱之複保險，依保險法第三十六條規定：「複保險，除另有約定外，要保人應將他保險人之名稱及保險金額通知各保險人。」而同法第三十七條規定：「要保人故意不為前條之通知，或意圖不當得利而為複保險者，其契約無效。」也就是說，若要保人要以同一被保險人向不同保險人投保，一定要將他保險公司之名稱及保險金額通知各保險人，否則保險契約無效，縱使發生保險事故，保險公司也不需要予以負責。

目前實務上有爭議的是複保險制度是不是僅適用於財產保險，也就是人身保險的要保人究竟有沒有通知保險人複保險的義務？關於這個問題，有以下不同之見解：

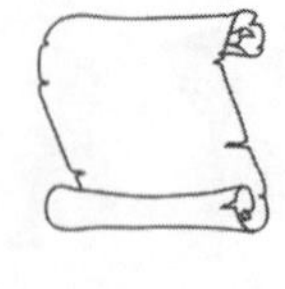

1. 肯定說：最高法院六十六年度臺上字第五七五號判決認為：「查人身保險之射倖性質高於財產保險，倘投保金額過高，即易肇致道德危險，故保險人在承保之前，必須先行瞭解該保件是否有保額過高或危險過分集中之虞。惟要保人若有不良動機分投數保險公司，而事後匿蔽不為通知，此項危險率即不易測定，因是保險法第三十五條第三十七條乃設限制，賦要保人以必須通知之義務，藉資防微杜漸。保險法既將複保險列入總則，遍觀全編，又無人身保險應予除外之涵意，即不得謂限於財產保險始有其適用。」

2. 否定說：司法院司法業務研究會第三期研究結論採否定見解。另最高法院八十七年度臺上字第一六六六號判決亦認為：「複保險通知義務之規定，係因財產保險之目的在填補損害，有損害始有賠償，被保險人不得為超額賠償請求，亦不得以複保險為變相之超額保險，以防道德危險之發生，為使保險人於承保前即得就保額是否超逾，危險是否過分集中等為評估，以決定是否承保，故課予要保人以複保險通知之義務。反之，人身保險因人身無法以經濟上利益估定其價值，自無賠償超逾損害之情形，即無超額賠償可言，此觀人身保險之保險給付，多採定額給付理賠，而不計被保險人實際經濟損害若干自明。人身既屬無價，倘保險法有關複保險之規定於人身保險亦有其適用，要保人為複保險依保險法第三十六條之規定通知保險人，則於保險事故發生時，依保險法第三十八條之規定，各保險人僅就其所保金額負比例分擔之責，其賠償總額不得超過保險標的之價值，此不僅與人身保險為定值保險、定額理賠之本質有違，且將人身價值區限於某一價格，自屬輕蔑人類之生命、身體。是複保險通知義務之規定，雖列於保險法總則章，其適用範圍應僅限於財產保險，而不及於人身保險。」

本案結論

由此可知，關於複保險規定是否適用於人身保險，早期法院見解多採肯定說，但近來法院較偏向於否定見解。因此，若採取否定的見解，縱志明未將同時投保數保險契約的事實通知各保險人，其所簽訂的保險契約仍皆屬有效。不過，目前壽險實務上，保險公司大多會在要保書的告知事項中，詢問要保人有無投保其他公司的保險，若未據實回答，則以不實之說明足以變更或減少保險公司對危險之估計，依違反告知義務解除契約。因此，若志明重複投保人壽保險或傷害保險時，最好還是將已投保之情形詳細告知，以免日後產生不必要的糾紛。

相關法條

保險法第三十五條、第三十六條、第三十七條、第三十八條。

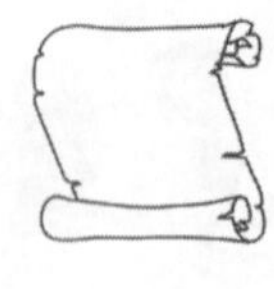

第十九節　保險法的強制規定可不可以以契約加以變更？

案例敘述

志明比較過兩家不同保險公司的保單後發現，民安保險公司於其推出之人壽保險單中，特約約定要保人或受益人請求保險金之權利，自得為請求時起經過三年不行使而消滅，但東海保險公司卻規定自得為請求之日起經過二年不行使即消滅。志明很納悶，為甚麼每個保險公司規定的請求時效期間不一樣，是不是無論保險契約約定多久，在法律上都有效力？

內容解析

保險法第六十五條第一項前段規定：「由保險契約所生之權利，自得為請求之日起，經過二年不行使而消滅。」所以，要保人或受益人請求保險金額之權利，亦應自得為請求時起

經過二年不行使而消滅。但是同法第五十四條第一項規定：「本法之強制規定，不得以契約變更之。但有利於被保險人者，不在此限。」因此會產生一個問題，若保險人將要保人或受益人請求權的時效，從二年延長為三年，是不是合於保險法第五十四條第一項所稱「有利於被保險人者」之要件，而得主張不受同法第六十五條二年時效之規範？關於這個問題，實務上有正反兩說：

1. **否定說**：時效期間，因事關公益，依民法第一百四十七條規定，時效期間不得以法律行為加長或減短之，並不得預先拋棄時效之利益。此為法律之禁止規定，法律行為如有違反，即歸無效（民法第七十一條參照）。最高法院七十五年臺上字第二〇二八號判決要旨：「保險法第六十五條規定，保險契約所生之權利，自得為請求之日起，經過二年不行使而消滅，此項消滅時效之規定，屬強制規定，不得因當事人合意伸長或縮短之……」，可供參考。

2. **肯定說**：保險法第六十五條前段規定，由保險契約所生之權利自得為請求之日起，經過二年不行使而消滅。此項規定固屬強制規定，惟保險法第五十四條第一項規定，本法之強制規定，不得以契約變更之。但有利於被保險人者，不在此限。是為秉持保險法保護被保險人之一貫立場所為立法（參看同條第二項規定），此與民法採保護債務人利益之立法意旨，有所不同。保險契約之當事人約定加長由保險契約所生權利之消滅時效期間為三年，對於被保險人自屬有利，保險法第五十四條第一項但書規定殊無排除適用之理。保險法第五十四條第一項但書既為民法第一百四十七條之例外規定，保險契約當事人之上開合意，應認有效。

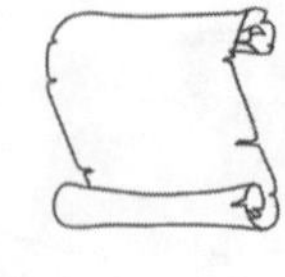

本案結論

關於前述爭議，最高法院八十三年一月二十五日所作成之八十三年度第一次民事庭會議採取肯定說。雖然對於保險公司可不可以在有利於要保人、受益人的情形下延長請求權的時效，實務上係採取肯定的見解。但是還是有學者認為保險法第五十四條第一項的規定僅適用於「相對強制規定」的情況，而同法第六十五條關於時效的規定係屬「絕對強制規定」，不能由當事人任意延長或縮短。因此，雖然延長請求權時效對要保人、受益人有利，還是不可以由保險人任意約定。對於實務上的爭議，志明在簽訂保險契約時要特別注意。

相關法條

民法第七十一條、第一百四十七條、保險法第五十四條、第六十五條。

第二十節　定型化契約的效力

案例敘述

志明詳細閱讀民安保險公司的人壽保險單後發現，民安保險公司於其保單中規定「要保人或受益人，遇有本公司應負保險責任之事故發生，應於知悉後五日內通知本公司」，並記明「要保人或受益人未依上述規定辦理者，本公司不負賠償責任」等語。志明很納悶，保險人可以規定保險事故發生後，如果要保人或受益人沒有在幾天內通知，則保險人就不負賠償責任嗎？這樣不是對要保人或受益人很不公平？究竟上述的條款在法律上有效力嗎？

內容解析

所謂定型化契約，係指依照當事人一方預定用於同類契約之條款而訂定之契約。故於通常情形，就同類契約之訂立，固可收便捷、統合之效能，然就具體個案，如有特殊情形，仍

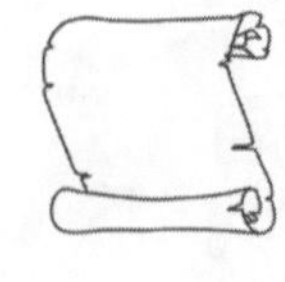

應參酌訂約之內容，探求當事人之真意，解釋契約，不能專以定型化契約之條款為惟一憑據。而保險契約因經濟制度逐漸演進迄今，其內容也已成為保險人一方面所決定之定型化契約，要保人祇有依保險人所定條款同意訂立與否之自由，就其內容並無討價還價之餘地。而一般要保人對於保險契約之條款及告知書多未注意，不知其存在；或雖知其存在，但因為其內容甚為冗長，字體細小，不易閱讀；或雖加閱讀，因文義艱澀，難以理解其真義。所以，保險法上對於有所謂「意外條款排除原則」，也就是說，保險人於訂立保險契約時，應依明示或其他合理適當方式，使要保人有適當機會充分了解保險契約條款之內容，而不會使要保人有感到意外的感覺。

除了前述「意外條款排除原則」外，保險法對於定型化契約，還有所謂的「不明確條款解釋原則」及「內容控制原則」，分別表現於保險法第五十四條第二項：「保險契約之解釋，應探求契約當事人之真意，不得拘泥於所用之文字；如有疑義時，以作有利於被保險人之解釋為原則。」及同法第五十四條之一：「保險契約中有左列情事之一，依訂約時情形顯失公平者，該部分之約定無效：一、免除或減輕保險人依本法應負之義務者。二、使要保人、受益人或被保險人拋棄或限制其依本法所享之權利者。三、加重要保人或被保險人之義務者。四、其他於要保人、受益人或被保險人有重大不利益者。」也就是若保險人與要保人對於保險契約條款的解釋發生疑義時，因為保險契約條款是由保險人依其主觀意思所訂立，則此時應以作有利於被保險人之解釋為原則。又保險公司所擬訂之保單，亦必須先送交保險業主管機關審核，而主管機關也會對其保單內容作一個控制，若契約條款違反前述保險法第五十四條之一的規定，則此條款將歸於無效。

另依保險法第五十八條規定：「要保人、被保險人或受益人，遇有保險人應負保險責任之事故發生，除本法另有規定，或契約另有訂定外，應於知悉後五日內通知保險人。」違反此通知義務，依同法第六十三條規定，僅認此時要保人或被保險人對保險人因此所受之損失應負賠償責任，而並非規定保險人得免除保險責任。因此，若允許保險人約定，要保人或被保險人違反通知義務時，即依定型化契約之約定免除保險人之責任，則將使保險之機能喪失殆盡，實非所宜。按保險人在承保危險事故發生時，依其承保之責任，負擔賠償之義務，為保險法第二條所明定。而保險法第五十八條所賦予要保人等之通知義務，僅在防免保險人損害之擴大，與危險責任之預估不生影響。故保險人為前項不負賠償責任之約定，顯係「免除或減輕保險人依本法應負之義務」，依保險法第五十四條之一之規定，此項規定應屬無效。

本案結論

由前述可知，雖然保險人得以定型化契約省卻個別訂約之麻煩，但其契約內容仍要受到保險法及相關立法原則之規範。保險人於其契約條款中載明要保人等須於保險事故發生後一定期間通知，否則其不負賠償責任之規定，顯係利用定型化約款造成契約雙方當事人不平等之地位，依法應為無效。因此，志明縱未於期限內履行通知保險人之義務，亦僅生對保險人損害賠償之問題，仍得向保險人請求保險金。

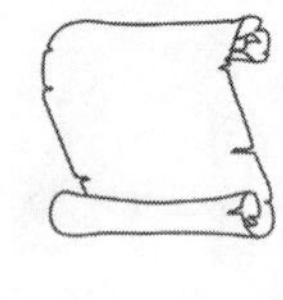

相關法條

保險法第二條、第五十四條、第五十四條之一、第五十八條、第六十三條。

第二十一節　保險契約應記載那些條款？

案例敘述

雖然保險契約是不要式契約，也就是契約作成不須用一定的方式，但是目前各保險公司仍會將雙方的權利義務明確記載在保險契約上。志明想知道，保險契約究竟應該記載那些事項？若沒有記載前述事項，在法律上會產生怎麼樣的效果？

內容解析

雖然保險單條款係存於保險人與要保人之間的契約，祇要契約當事人達成合意即可拘束保險人及要保人，並不須要以書面的方式為之。但為使雙方的權利義務更為明確及將來舉證的簡便，保險公司通常會將雙方所約定的事項以書面契約的方式呈現。保險法對於各種保險的共同基本條款規定在保險法第五十五條，而各個保險種類亦有個別所必須規定的基本條款（如人壽保險規定於同法第一百零八條）。茲將共同基本條款應記載事項說明如下：

1. **當事人的姓名及住所**：以了解保險契約的主體及確定契約成立後保險費交付及催告的地點。
2. **保險的標的物**：保險標的物在財產保險為所投保之物，但因為人身非物，因此在人身保險應無保險標的物可言。另外，由於保險法規定要保人或被保險人需有保險利益，因此有學者主張，此處之保險標的物應為「保險標的」，也就是所謂的保險利益。
3. **保險事故的種類**：保險事故的種類主要是為了確定保險人應負的責任，以釐清甚麼樣的保險事故是保險人承保的範圍，而甚麼樣的保險事故保險人可以主張不負賠償責任。
4. **保險責任開始之日及保險期間**：保險責任開始之日期，通常是保險契約成立之時，從此日

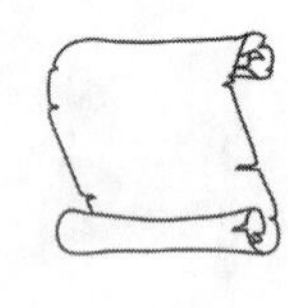

期開始保險人就必須負擔保險責任。而保險期間就是保險公司責任的存續期間，在此期間內發生的保險事故，保險公司才負責任。

5. **保險金額**：保險金額及保險人與要保人約定，於保險事故發生時保險人必須給付受益人之金額。在人身保險，由於人身係無價的，沒有保險法上禁止不當得利原則的適用，所以保險金額的多寡沒有限制，完全取決於當事人間的約定。不過，雖然投保高額保險，可以獲得較多的賠償金額，但是相對的要保人所必須支付的保險費也較高。

6. **保險費**：保險費是保險公司負擔危險及賠償責任的對價，因此，於保險契約中應該明定其金額及繳費的方式。

7. **無效及失權之原因**：所謂無效之原因，乃指當事人約定某種原因發生時，保險契約即歸之於無效。而所謂失權之原因，乃指當事人約定某種原因發生時，要保人、被保險人或受益人即喪失其契約應享有之權利。此種無效或失權之原因，當事人雖然可以自由約定，但仍不得違反保險法上的強制規定，除非此約定係有利於被保險人(保險法第五十四條第一項)。

8. **訂約的年月日**：訂約的年月日是指保險契約成立的日期，保險公司的責任通常從此日期開始。

保險法第五十五條雖然規定了保險契約應該記載的基本條款，但若保險契約漏列了前述基本條款之一部分，是否保險契約就失其效力？關於這個問題，學者認為要視其所漏列的條

款是否有害於契約的實質存在而定。若漏列的條款是有害於契約的實質存在，例如漏列當事人的姓名、保險事故的種類、保險金額、保險費及訂約的年月日等，此時保險契約自始、當然、絕對的不生效力。若漏列的條款是無害於契約的實質存在，例如漏列保險責任開始之日及保險期間，則此時可以從訂約年月日及保險費來推算出來。而如果漏列無效及失權之原因，則回歸到法律的規定，以法律所規定無效及失權之原因為準，則此時保險契約均不會因而失效。

本案結論

因此，志明在訂立保險契約時，應該對保險契約之條款詳加閱讀，若有漏未訂立保險法所規定之應記載之條款者，則要視其所遺漏部分是否影響契約實質上之存在。若已影響契約實質上之存在，一定要要求保險人予以補正，否則可能會訂立了無效的契約，而於事故發生時無法獲得保險公司的賠償。

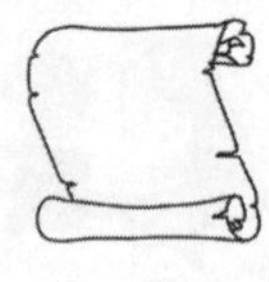

相關法條

保險法第五十四條、第五十五條、第一百零八條。

第三章 保險契約存續期間的法律問題

第一節　變更職業要不要通知保險公司？

案例敘述

志明現在從事的是貿易公司內勤的工作，雖然工作很穩定，但是志明對目前的薪水不太滿意，而且覺得缺乏挑戰性。志明看到報紙上某航空公司正在招考民航機飛行員的廣告，覺得這樣的工作可以到世界各國去遊玩，又有令人稱羨的薪水，因此十分的心動。志明想知道若變更從事民航機飛行員的工作，是否應通知保險公司？若怠為通知，在法律上會有怎麼樣的效果？

內容解析

由於人身保險的保險費，是依訂約時被保險人所可能遭遇到的危險來估計。因此，若被保險人所面臨的危險有增加或減少時，保險人所收取的保險費就要隨之增加或減少。為了使

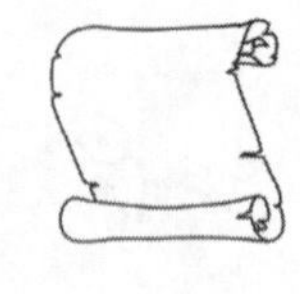

保險人能正確的計算出保險費，保險法第五十九條第一項、第二項及第四項分別規定：「要保人對於保險契約內所載增加危險之情形應通知者，應於知悉後通知保險人」、「危險增加，由於要保人或被保險人之行為所致，其危險達於應增加保險費或終止契約之程度者，要保人或被保險人應先通知保險人」及「危險減少時，被保險人得請求保險人重新核定保費。」而若遇有危險增加之情形時，依保險法第六十條第一項規定：「保險（人）遇有前條情形，得終止契約，或提議另定保險費。要保人對於另定保險費不同意者，其契約即為終止。」也就是說，為使保險人能正確的計算保險費，若被保險人所遭遇的危險增加，已達重要性的要件時，要保人或被保險人即有通知保險公司之義務，而此時保險公司即可以要求終止契約或提議另定保險費。

關於被保險人變更職業時，是否需要通知保險人？我們可以從人身保險中的傷害保險來看。由於傷害保險是以職業分類來計算保險費，被保險人職業的變更，直接影響保險公司對危險的估計。因此，傷害保險單示範條款第十二條即規定：「被保險人變更其職業或職務時，要保人或被保險人應即時以書面通知本公司。被保險人所變更的職業或職務，依照本公司職業分類其危險性減低時，本公司自接到通知之日起按其差額比率退還未滿期保險費。被保險人所變更的職業或職務，依照本公司職業分類其危險性增加時，公司於接到通知後，自職業變更之日起，按差額比率增收未滿期保險費。但被保險人所變更的職業或職務依照本公司職業分類在拒保範圍內者，本公司於接到通知後得終止契約，並按日計算退還未滿期保險費。被保險人所變更的職業或職務，依照本公司職業分類其危險性增加；未依第一項約定通知而發生保險事故者，本公司按其原收保險費與應收保險費的比率折算保險金給付。但被保險人所變更的職業或職務在本公司拒保範圍內，概不負給付保險金的責任。」由此可知，在傷害保險若保險人據以估定被保險人危險的職業有所變更，而要保人或被保險人怠未通知時，在發生保險事故時，僅能按照保險費的比例獲得賠償，對要保人或被保險人而言損失甚大。

本案結論

志明打算從貿易公司的內勤職員轉換成為民航機飛行員，職業上的危險顯然增加許多。因此，志明於更換職業時，應立即通知保險公司，並補交因而增加的保險費差額；否則，於保險事故發生時，志明很可能僅能按照保險費的比例獲得賠償，無法得到原有的保障。

相關法條

保險法第五十九條、第六十條、傷害保險單示範條款第十二條。

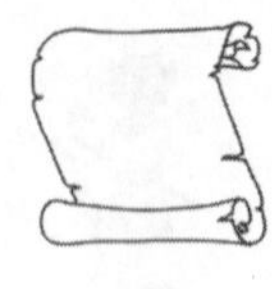

第二節　據實說明義務之內容

案例敘述

志明因為從事的是貿易公司工作的緣故，常常要替公司招待外國客戶，長期應酬的結果，使志明不知不覺中染上了慢性肝炎。志明想要投保人壽保險契約，卻又怕屆時保險公司因為其罹患肝炎而拒絕他的投保。因此，志明打算於填寫要保書時，刻意隱瞞此項的事實，志明想知道如果這樣做對保險契約的效力會不會有甚麼影響？

內容解析

保險契約為最大善意契約，於保險契約訂立時，要保人須善盡將保險公司所承擔的有關事項告知，以便保險公司決定是否接受要保人的投保以及計算保險費之數額。因此，保險法第六十四條第一項及第二項前段規定：「訂立契約時，要保人對於保險人之書面詢問，應據實說明。要保人故意隱匿，或因過失遺漏，或為不實之說明，足以變更或減少保險人對於危險之估計者，保險人得解除契約；其危險發生後亦同。」這就是所謂的據實說明義務條款。

所謂「訂立契約時」，是指契約成立之時，因此一般以為據實說明義務的履行，應自申請訂立保險契約時起至訂約成立時止。但是若要保人申請投保，並經體檢醫師檢查被保險人身體狀況，填寫要保書後，而在保險單核發前，被保險人健康狀況有改變，則此時需不需要再通知保險人?學說上就有不同之意見。採肯定說者認為：「保險法之所以要規定告知義務，乃在於保險契約為最大善意契約，且要保人或被保險人的告知，旨在提供保險人對保險客體危險的評估。因此，在契約簽訂之前，如有影響評估的重要情事發生，致原來所告知之事項已成為不實，自應再負告知之義務。」而採否定說者則認為：「一般要保人對於保險的認識有限，在經過體檢後，主觀上均認為其已盡告知義務，因此除非保險人於同意承保或交付保單時再做詢問，否則要保人或被保險人不再負告知之義務。」對於此問題，本書認為凡於保險人承諾之前，發現與其在申請時所告知的事實不相同之新事實時，均應再向保險人要求為補正或變更，才符合保險契約為最大善意契約之本質。

所謂要保人對於保險人之書面詢問，應據實說明。係指要保人對於要保書上所載之任何問題，包括年齡、身高、體重、過往病史、家族病史及職業等足以變更或減少保險人對危險估計之事項，均應詳細記載。要保人與被保險人為同一人時，要保人負告知義務固無疑問，

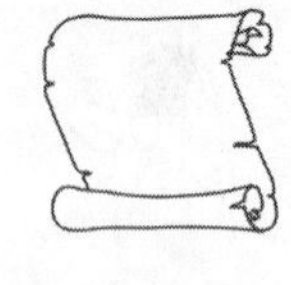

惟若要保人與被保險人不同人時，被保險人是否應負告知之義務？學說上雖有不同之看法，但司法院第一廳研究意見認為：「按法律所以課保險契約當事人之一方以告知義務係使保險人得依義務人提供有關保險標的之一切資料，正確估定危險發生之可能性，以決定保險費。故在人壽保險契約，依保險法第一百零四條之規定，得由本人或第三人訂立。如由第三人訂立，則因要保人與被保險人並非相同。此時，要保人依保險法第六十四條第一項之規定，應負告知之義務，固無疑問。至被保險人，則因被保險人對自己之生命健康，知之最稔，如不使負告知義務有礙保險人對危險之估計。故在外國立法例，如日本、德、瑞等均明文規定被保險人亦負告知義務。我保險法雖未明文規定，但依前述告知義務之法理，應為當然之解釋。惟要保人與被保險人雖同負告知義務，但同一事實，如其中一人，已為告知，另一人雖未告知，亦不違反告知義務，蓋不影響保險人對危險之估計。」因此，基於被保險人對自己之生命、健康最為清楚之理由，被保險人對於足以影響保險人對危險估計之事實，應負有告知義務。

違反告知義務之效果，依保險法第六十四條第二項之規定，保險人得解除契約。解除權之行使為法律行為之一種，由於保險法並無特別規定，因此回歸到民法的適用。民法第二百五十八條規定：「解除權之行使，應向他方當事人以意思表示為之。」而為對話之意思表示，以相對人了解時發生效力（民法第九十四條參照），非對話的意思表示，以通知到達相對人時發生效力（民法第九十五條參照）。要保人仍生存時，解除權的對象為要保人並無疑問，但若要保人已死亡，究竟應該向誰為解除契約之意思表示？實務上有保險公司於其契約條款上約定：「本公司通知解除契約時，如要保人死亡，居住所不明，或其他原因，通知不能送達時，本公司得將該項通知送受益人。」也就是認為在前述情況，保險人通知受益人即可。惟依民法第一千一百四十八條規定，要保人死亡時，其一切權利義務由繼承人概括承受，這是法律的強制規定，而受益人非必為契約的相對人（要保人）或契約相對人的繼承人，所以前述保險契約條款應為無效，保險人仍應向要保人之全體繼承人為解除契約之意思表示。最高法院八十二年臺上字第二七九號判決即採取保險人向受益人解約不生解除契約效力之見解。

本案結論

如前所述，基於保險契約為最大善意契約之本質，於保險契約訂立時，要保人須善盡將保險公司所承擔的有關事項告知。所以，志明於填寫要保書時，不得隱瞞已罹患足以變更保險人對危險估計之肝炎的事實，以免影響保險公司之判斷，否則縱使保險事故已發生，保險公司仍得依法主張解除契約，而不負賠償責任。

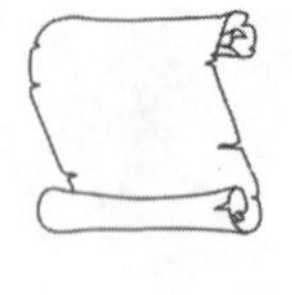

相關法條

民法第九十四條、第九十五條、第二百五十八條、第一千一百四十八條、保險法第六十四條。

第三節　隱瞞的事實與保險事故無關時，保險公司可不可以主張解除契約？

案例敘述

志明因為擔心保險公司拒絕他的投保，因此打算在填寫要保書時隱瞞自己罹患慢性肝炎的事實。可是聽說若要保人未善盡告知義務，保險公司得主張解除契約，而不負賠償責任。志明覺得很納悶，如果將來保險事故的發生是因為心臟病突發，與未盡告知義務的慢性肝炎無關，則此時保險人是否還是可以主張解除契約？如果可以，那麼不是對於被保險人很沒有保障？

內容解析

要保人違反告知義務，保險人得依保險法第六十四條之規定解除契約，即使在危險發生後亦同。但如果要保人違反告知義務的事項，與保險事故的發生並沒有因果關係時，保險人是不是還能解除契約，學說上則有不同之看法。採肯定說者認為違反告知義務的事項，與保險事故的發生必須具有因果關係，否則會造成保險人於事故發生前疏於調查要保人的狀況，而在事故發生後又積極調查是否有解約原因，以逃避賠償責任的弊端。採否定說者則認為，告知事項是在簽訂保險契約時，保險人據以估算危險，決定承保與否的依據。基本上，要保人所為的故意隱匿、過失遺漏，已誤導了保險人對危險的估計。所以不論保險事故之發生與違反告知事項間有無因果關係，保險人均得依保險法第六十四條解除契約。

我國保險法第六十四條於民國八十一年二月二十六日及同年四月二十日曾經歷二次修正。二月份的修正以不實說明須達於保險公司拒保的程度才能夠解除契約。而四月份的修正則回復八十一年二月修正以前，以不實說明足以影響保險公司對危險之估計即可解除契約。而與八十一年二月修正以前不同之處，即在於本次修法兼採因果關係的理論，而於第六十四條第二項加入但書，認為若要保人能證明保險事故的發生與其不實說明間無因果關係，則保

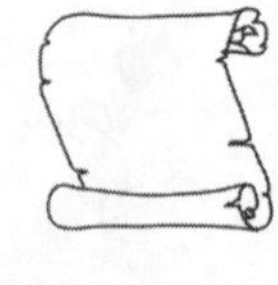

險公司不得主張解除契約。

至於法律修正前後期間內所訂立的保險契約，保險人得解除契約的標準究為何？依保險法施行細則第三十四條規定：「本法第六十四條之適用，依保險契約訂定時之法律。」也就是說若保險契約訂立於八十一年二月修正以前，只要不實說明足以影響保險公司對危險之估計，保險公司即可解除契約。而若保險契約訂立於八十一年二月二十六日至八十一年四月二十日之間，則視要保人不實說明之事項是否達於保險公司所定拒保之程度而定。至於保險契約訂立於八十一年四月二十一日之後者，則採因果關係的見解，認為不實說明與保險事故間必須具有因果關係，保險公司始得解除契約。雖然保險法施行細則已明確規定新舊法的適用，但本書認為不論保險契約於何時訂定，均應採用最有利於要保人的現行法（八十一年四月二十日之修正條文），也就是兼採因果關係的理論，始符合保險法保護要保人及被保險人利益的最高原則。

本案結論

所以關於志明於投保時未告知罹患慢性肝炎，保險公司可不可以解除契約，要看此份保險契約訂立的日期而定。若保險契約訂立於八十一年二月修正以前，保險公司可以以其未告知慢性肝炎之事項，要求解除契約。而若保險契約訂立於八十一年二月二十六日至八十一年四月二十日之間，則視慢性肝炎是不是保險公司所規定的拒保事項而定。但若保險契約是於八十一年四月二十一日之後訂立者，則因未告知事項之慢性肝炎與保險事故突發性心臟病間並無因果關係，則保險公司不得主張解除契約，而仍應負賠償責任。

相關法條

保險法第六十四條、保險法施行細則第三十四條。

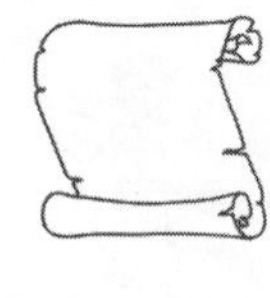

第四節　保險契約訂立已超過二年，保險公司還可不可以以要保人違反據實說明義務，而主張解除契約？

案例敘述

志明因為擔心保險公司拒絕他的投保，因此打算在填寫要保書時隱瞞自己罹患慢性肝炎的事實。可是聽說若要保人未善盡告知義務，保險公司得主張解除契約，而不負賠償責任。志明想知道，保險公司的契約解除權有沒有期間之限制？若已逾解除契約的期限，保險公司是否仍得依據其他法律來主張解除契約？

內容解析

保險法第六十四條第一項規定，訂立契約時，要保人對於保險人之書面詢問，應據實說明。如要保人有同條第二項故意隱匿，或因過失遺漏，或為不實之說明，足以變更或減少保險人對於危險之估計之情形，且要保人違反告知之事項，與其保險事故發生之原因間有因果關係時，保險公司得解除契約。雖然保險人有契約解除權，但為免契約的效力懸而不定，保險法第六十四條第三項特別規定：「前項解除契約權，自保險人知有解除之原因後，經過一個月不行使而消滅；或契約訂立後經過二年，即有可以解除之原因，亦不得解除契約。」也就是保險人必須於一定期間內行使權利，超過此一期間即不得再行主張。而且保險法第六十四條第三項之規定為「除斥期間」，並非「消滅時效」，並不會有時效中斷的問題。

在實務上，保險公司若於訂約二年後始發現要保人違反據實說明之義務，而此時保險人已不得引用保險法第六十四條之規定解除契約，則保險人通常會轉向依民法第九十二條規定以其係被詐欺而為意思表示為由，撤銷其意思表示。因為，依民法第九十三條之規定，同法第九十二條之撤銷，於發現詐欺終止後，一年內為之。但自意思表示後，經過十年不得撤銷。也就是若保險人採取民法詐欺撤銷意思表示的規定，最長有十年的除斥期間，遠超過保險法上所規定之二年，顯然對保險公司有利。

那麼保險公司究否可以在逾越保險法所規定之解除契約期間後，轉引民法的相關規定來主張權利？學說上有所爭議，否定說認為，保險法第六十四條之規定，乃保險契約中關於保險人因被詐欺而為意思表示之特別規定，應排除民法第九十二條規定之適用。否則，將使保

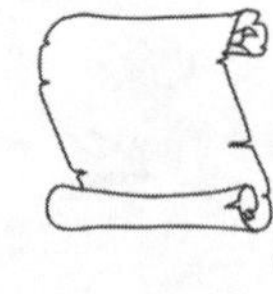

險法第六十四條第三項對契約解除權行使之限制規定，形同具文。肯定說則以保險法第六十四條之規定，其目的在保護保險人，其立法依據亦非於保險契約之意思表示有瑕疵。此與民法第九十二條規定，被詐欺而為意思表示，表意人得撤銷其意思表示，旨在保護表意人之意思自由者，其立法目的、法律要件及效果均有不同。故保險法第六十四條之規定解釋上不應排除民法第九十二條規定之適用。對於前述爭議，最高法院八十六年度第九次民事庭會議決議採取否定的見解，認為保險法第六十四條為民法第九十二條之特別法。而財政部於會商法務部後，亦於民國八十六年三月一日宣布，將以「保險法優於民法」之原則處理類似問題，也就是保險人於超過保險法解除契約的期間後不得再援引民法的規定撤銷意思表示。

本案結論

如前所述，保險人必須於保險法第六十四條第三項的除斥期間內解除保險契約，並非漫無期間的限制。至於，保險公司可否援引民法的規定以要保人訂約時詐欺，而撤銷其意思表示？本書以為，若採取肯定說，不但會引起要保人及保險人對解除契約前時間的爭議，也喪失了保險法第六十四條訂定「二年」除斥期間以保護要保人或被保險人的意旨，故應認保險法第六十四條為民法第九十二條之特別法為宜。因此，縱志明未盡告知之義務，若保險人未於保險法所規定之期限解除契約，仍需於事故發生時負起賠償的責任，也不得援引民法之相關規定來抗辯。

相關法條

民法第九十二條、第九十三條、保險法第六十四條。

第五節　由保險業務員代填要保書，是否就算已經盡到據實說明義務？

案例敘述

面對密密麻麻的要保書條款，志明因為不懂要怎麼填寫，因此要保書中所有應由要保人填寫的部分，全權交由保險業務員文彬代填，再交回由志明簽名蓋章。而關於曾罹患慢性肝炎的事實，志明也詳盡的告訴文彬，可是文彬擔心保險公司會拒絕志明的投保，而影響他的

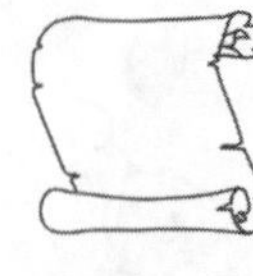

業績獎金。因此，打算在填寫要保書時替志明隱瞞此項事實。如果後來保險事故的發生確係基於志明所罹患的慢性肝炎，則屆時保險公司可不可以主張解除契約？若要保人已向保險業務員據實說明，是否算已盡告知的義務？

內容解析

所謂保險業務員，依保險法第八條之一之規定，為「為保險業、保險經紀人公司、保險代理人公司，從事保險招攬之人。」不過，實務上通常是指由保險公司所僱用的業務員。從法條的文義可知，保險業務員之權限僅在於「招攬保險」。而所謂「招攬保險」之行為，依「保險業務員管理規則」第十五條第三項係指⑴解釋保險商品內容及保險單條款⑵說明填寫要保書注意事項⑶轉送要保文件及保險單⑷其他經所屬公司授權從事保險招攬之行為。一般而言，保險公司會賦予業務員收費之權限，而所謂的「核、承保」權限，因為人壽保險的核保包括體檢等專業技術，並非一般保險業務員所能勝任，所以通說認為不在業務員之授權範圍內。但若依一定的客觀事實，足以使要保人善意信賴保險業務員為保險公司的代理人，而有締約的權限時，仍應站在保護要保人之立場，讓保險公司負授權人之責任。

至於保險業務員是否有受領告知義務的權限？學說上有正反兩說，採否定說者認為：保

險外務員，通常為保險人的使用人，從事於保險契約締結的勸誘事務；其法律上的地位，受保險人的僱傭，立於從屬立場，提供業務，從而除經保險人特別授權外，其無代理保險人受領告知權限。而肯定說者則認為：業務員應視為保險人的營業代理人或受僱人，在招攬過程中所為的行為，其效力應及於保險人，因此，要保申請書及其他附件上所記載的事項，如因可歸責於業務人員的事由而不實者，保險人不得以說明不實對抗要保人。但若說明不實事項係由業務員創議於先，而為要保人所同意，或為業務員與要保人串謀，意圖詐欺保險人的結果，要保人不得以此項不實說明曾經業務員的參與，以阻卻保險人的行使解約權。對於此項爭議，司法業務研究會第三期結論認為：「按保險公司之外務員，一般均為保險公司所招募者，為保險公司招攬保險，並領有底薪，屬保險公司之職員，應認為保險人之機關，要保人如已將應告知之事實對其告知，自應認為已發生告知之效力，且對於保險人之書面詢問，僅以口頭說明，而未以書面聲明，仍應呈告知之效力，以書面或口頭說明，要屬日後舉證之問題」，也就是採取肯定的見解。但是司法院第一廳研究意見卻採取否定的見解，認為業務員除經保險公司授權或其行為構成表現代理之情形外，要保人對業務員之告知，其效力並不及於保險人。

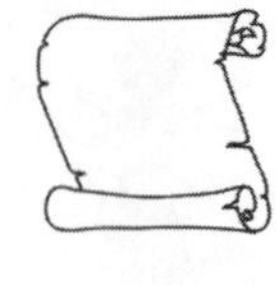

本案結論

如前所述，實務上對於保險業務員是否有受領告知義務的權限，仍有許多的爭議，但本書認為就人壽保險而言，在保險招攬實務中，要保人除了與體檢醫師的接觸外，其與保險業務員接觸的機會最為頻繁。因此，若不賦予業務員享有告知義務的受領權，實不合理，且對要保人的權益的保護有所不周。不過，為免可能產生的爭議，建議志明應該親自填寫要保書，或於保險業務員填寫後，經過詳細閱讀再簽名蓋章，以免日後舉證困難，影響自身的權益。

相關法條

保險法第八條之一、保險業務員管理規則第十五條。

第六節　經保險公司指定的醫師體檢，要保人是不是就不用盡據實說明的義務？

案例敘述

志明投保了伍佰萬元的人壽保險契約，因為保額較高，因此保險公司要求志明需先至指定的醫院進行體檢。志明為了避免保險公司拒絕他的投保，因此，在體檢醫師對其書面詢問時，隱瞞曾經罹患慢性肝炎之事實，而體檢醫師亦未檢查出志明患有慢性肝炎。如果後來保險事故的發生確係基於志明所罹患的慢性肝炎，則屆時保險公司是否可以依志明未盡告知義務而主張解除契約？

內容解析

人壽保險契約分為體檢件及非體檢件，一般保險契約皆為非體檢件，但若保額到達一定的程度，通常保險公司會要求被保險人要經特定醫師的體檢，然後才決定是否予以承保。此時不論體檢醫師係受僱於保險公司或由保險公司另行聘任，都應認其於辦理體檢之授權範圍內為保險公司之代理人，而有「受領要保人告知」之權限。體檢醫師既為保險人之代理人，依民法第二百二十四條之規定，保險人即須對體檢醫師的過失負責。因此，在何種情況下可

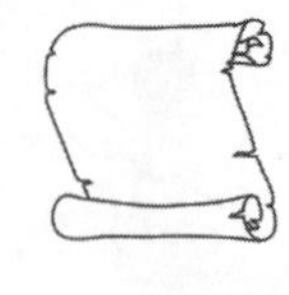

以認體檢醫師有過失，而使要保人得主張依保險法第六十二條第二款「依通常注意為他方所應知，或無法諉為不知者」之規定，免除其通知之義務，就是一個值得探討的問題。

若保險人於保險契約訂定前，已指定醫師對被保險人為身體檢查，而要保人（或被保險人）對於自己過去或現在之病症未告知，而醫師亦未發覺時，是否違反告知義務？學說上有不同之見解，採肯定說者認為：依保險法第六十四條第一項規定：「訂立契約時，要保人對於保險人之書面詢問，應據實說明。」此項義務，不因保險人曾派員檢查而免除。如要保人違背此項義務，致影響保險人對危險之估計者，保險人仍非不得依法解除契約。但否定說者則認為：要保人於承保前，既經保險人指定醫師為體格檢查，如疾病在通常體檢下醫生應可發覺，如未被發覺，則為保險法第六十二條第二款之事項，可不負通知之義務，自不違反告知義務；如在通常體檢下，醫生不能發現之疾病，要保人（或被保險人）未告之，則違反告知之義務。關於前述爭議，司法業務研究會第三期研討結論採取否定說的見解。但司法院第一廳的研究意見則綜合前述正反兩方意見表示：「保險公司於訂定人壽保險契約時，為明瞭被保險人之身體、健康狀態等足以影響危險估計之事項，乃指定醫師檢查被保險人之身體，以專定立場提供意見，以補保險人專門知識之不足。惟醫師之檢查是否正確，有時需賴被保險人之據實說明，故人壽保險契約的保險人通常除指定醫師體檢外，仍以書面詢問被保險人之健康情形，要保人亦不能因保險人已指定醫師體檢，而免除告知義務。惟保險人既定醫師檢查被保險人之身體，則醫師因檢查所知，或應知之事項，應認為保險人所知及應知之事項。故如要保人未將自己以前及現有之病症告之，而體檢醫師以通常之診查，不能發覺者，則要保人自屬違反告知義務。惟如體檢醫師以通常之診查，即可發覺，而竟未發覺，應認為屬於醫師應知之事項，而為保險人所應知，自不得再解除保險契約。」

本案結論

因此，本案保險公司得否以要保人未盡據實說明義務而主張解除契約，端視保險公司之體檢醫師是否得依「通常之檢查方式」得知志明罹患慢性肝炎的事實。若無法檢測出來，而志明亦未告知，保險公司自得主張其未盡告知義務而解除契約。反之，若體檢醫師依通常方法即可得知，縱志明未盡告知之義務，保險人亦不得據以解除契約，而須負擔賠償責任。

相關法條

民法第二百二十四條、保險法第六十二條、第六十四條。

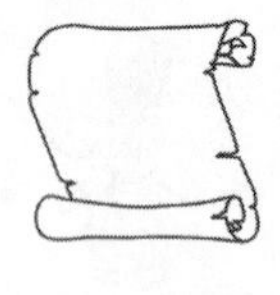

第七節　體檢醫師的過失，保險公司應不應該負責？

案例敘述

志明投保了人壽保險，並依保險公司之要求至指定的醫院進行體檢。雖然為了避免保險公司拒絕他的投保，志明在體檢醫師對其書面詢問時，隱瞞曾經罹患慢性肝炎之事實，但是體檢醫師卻透過抽血的檢驗，檢查出志明罹患有此疾病。可是因為體檢案件太多，體檢醫師卻忘了將志明所罹患之慢性肝炎告知保險公司，以致保險公司依其體檢報告而承保。則保險公司日後是否可以依志明未盡告知義務而主張解除契約？

內容解析

依通說的見解，人壽保險之體檢醫師既為保險公司所指定，應為保險公司之代理人，於其授權之範圍內，有受領「告知義務」之權限。因此，保險公司應依民法第二百二十四條之規定，對其所指定體檢醫師的過失負責。若被保險人之身體現有病症，要保人（或被保險人）雖未告知，但為負責檢查身體之醫師所知，惟醫師並未轉知保險人，則要保人是否得主張依保險法第六十二條第二款「依通常注意為他方所應知，或無法諉為不知者」之規定，免除其通知之義務，就是一個值得探討的問題。

關於前述問題，學說上亦有不同之見解，採肯定說者認為：保險人以要保人違反告知義務，援引保險法第六十四條第二項規定主張解除契約者，須證明要保人對於重要事項隱匿或說明不實。而所謂重要事項，即以要保人之隱匿或不實說明是否足以變更或減少保險人對於危險之估計及動搖其訂約之決心為斷。要保人對於重要事項雖曾為隱匿或不實說明，但若為保險人所知或因過失而不知，則要保人之不實說明不至影響保險人對危險之估計，或縱有影響，其影響亦屬出乎保險人本身之過失，自不得再以解約推卸責任。因此若保險人之醫師，從事體檢時已知要保人有病，而負責體檢之醫師應認為是保險人之代理人，在代理權限範圍內，代理人雖未告知，對保險人而言，仍應發生告知之效力。故特約醫師已知而未告知保險人時，自應認保險人已知該要保人有病之事實，則依保險法第六十二條第二款之規定，保險人不得以其特約醫師未告知而諉為不知，而主張解除契約。但否定說則主張：保險法第六十二條第二款之規定僅適用於契約成立後之「通知義務」，並不適用於契約成立時，依同法第六十四條有關說明，隱匿、遺漏之「告知義務」。因此，仍應以保險人是否已知為準而決定保險人是否可以解除契約。特約醫師既未將體檢情形告知保險人，保險人事實上處於不知之狀態，自得以要保人有隱匿情事，而主張解除契約。對於這項爭議，司法業務研究會第三期及司法院第一廳研究意見，均認在於此種情形，應認保險人已知該要保人有病之事實，而不得主張解除契約。

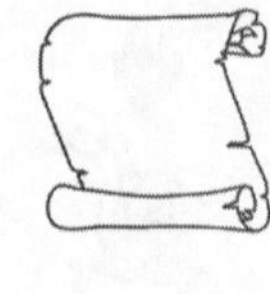

本案結論

由前述可知，志明於體檢時雖然隱瞞曾經罹患慢性肝炎之事實，但是體檢醫師已透過抽血的檢驗，檢查出志明罹患有此疾病。雖然體檢醫師因過失而漏未將診查結果告知保險公司，但是基於代理的關係，實務上還是認為在代理權限範圍內，體檢醫師雖未告知，對保險人而言，仍應發生告知之效力。因此，保險公司不得再主張志明未盡告知義務而解除契約，仍應於保險事故發生時負賠償責任。

相關法條

民法第二百二十四條、保險法第六十二條、第六十四條。

第八節　何謂「批註條款」？批註條款有怎麼樣的效力？

案例敘述

志明看到保險契約中關於契約構成部分的條款記載：「本保險單條款、附著之要保書、批註及其他約定書，均為本保險契約的構成部分」。志明知道保險單條款跟要保書的定義，但是批註是甚麼意思，在法律上又有怎麼樣的效力？

內容解析

依保險法第六十六條規定：「特約條款，為當事人於保險契約基本條款外，承認履行特種義務之條款。」而保險法第六十七條規定，凡與保險契約有關的一切事項，不論是過去、現在、將來的，都可以特約條款來約定。例如約定被保險人訂立契約前從未罹患肝炎（過去

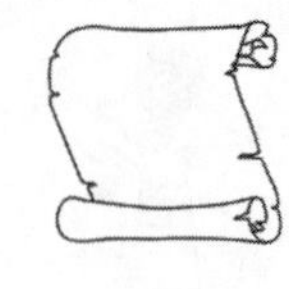

之事項）或被保險人未來三年不得從事駕駛計程車工作（將來之事項）等等。如果承認特約條款，是基於契約雙方當事人的同意，也沒有違反法律強制禁止規定（民法第七十一條參照）或公序良俗（民法第七十二條參照），或變更保險法的強制規定者，保險公司與要保人間，還是可以有效的約定此條款，作為該保險契約的一部分。

特約條款記載的方式，一般是在正式保險單後增列附加條款，書寫或繕打在保險單的空白位址，或另以紙條訂於保險單上，因此稱為「批註」或「追加條款」。關於特約條款的效力，依保險法第六十八條規定：「保險契約當事人之一方違背特約條款時，他方得解除契約；其危險發生後亦同。」也就是說，縱然保險人或要保人於保險事故發生後才發現對方當事人違背特約條款時，還是可以主張解除契約。但有解除權的當事人應準用保險法第六十四條第三項的時效規定，也就是應自知悉有解除權原因之日起一個月內，行使解除權。如果超過訂約後二年，即使有解除權的原因，也不能解除契約。

但應該注意的是，保險契約是定型化契約的一種，有所謂「內容控制原則」的適用，在保險業管理辦法第二十五條規定，各種保險費率及保險單條款，除情形特殊有國際性質之保險外，均應先報經財政部核准始得出單。因此，個別批註條款（特約條款）之內容，雖未明定應逐件送請財政部核准，但其內容是否有違反保險法之原理原則之情形，理論上主管機關仍有權加以審核。

本案結論

由前述可知，人壽保險契約除了保險單所列的條款以外，所有的聲明、批註，以及和保險契約有關的要保書、復效聲請書、健康聲明書、體檢報告書及其他約定書都是保險契約的構成部分。聲明或批註可能會影響或變更保險契約的內容，所以為了保障自己的權益，志明在訂立保險契約時，對於所有的契約條款都應詳細的了解。

相關法條

民法第七十一條、第七十二條、保險法第六十四條、第六十六條、第六十七條、第六十八條、保險業管理辦法第二十五條。

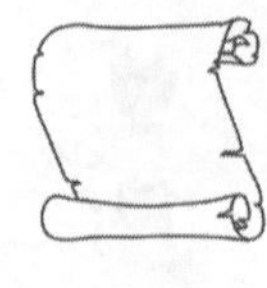

第九節　保險契約都記載甚麼事項？

案例敘述

志明為了保障自身的權益，於投保人壽保險契約前，特別詳細閱讀各保險公司的人壽保險單。志明發現雖然各公司某些保單條款不盡相同，但仍十分相似。志明想知道對於保險契約，主管機關是否有頒定標準的條款，內容應該包括那些事項？

內容解析

雖然保險單條款係存於保險人與要保人之間的契約，只要契約當事人達成合意即可拘束保險人及要保人。但財政部為使各人壽保險公司在販賣同一種類的保險單時有統一的作業處理方式，減少因條款文字說明的紛歧與不明造成的糾紛，特擬定各種險別的示範條文。目前經財政部核定的有「人壽保險單示範條款」、「團體一年定期人壽保險契約示範條款」、「傷害保險單示範條款」及「旅行平安保險示範條款」等數種標準條款，作為各家保險公司訂立保單條款之準則。而各保險公司與要保人訂約前，其保單條款皆須經主管機關財政部的審查，而審查重點在保單之基本條款，是否與前述之標準示範條款相同或不相違背；其他增加的特別條款是否有不合理、不公平、對客戶不利之處，財政部會命令保險公司重新修正，否則，即不予核准。經過財政部核准後的保單條款，始能使用。而保險公司於使用時，並必須將財政部核准之字號載明於保單條款前，以示公信。以下僅就九十年八月一日修正公布之「人壽保險單示範條款」主要內容予以說明。

1. 保險契約構成部分所含文件之規定（第一條）。
2. 保險責任開始生效及交付保險費之規定（第二條）。
3. 契約撤銷權（第三條）。
4. 第二期以後的保險費之交付方法及未交付時之寬限期間、效力停止之規定（第四條）。
5. 保險費未繳而由保單價值準備金代墊的規定（第五條）。
6. 保險契約停效後二年內再申請復效的規定（第六條）。
7. 要保人違反告知義務時，保險人行使解除契約的規定（第七條）。
8. 契約終止時，如有解約金，應依表列金額返還的規定（第八條）。
9. 保險事故發生時，應通知及辦理理賠申請之期間規定（第九條）。

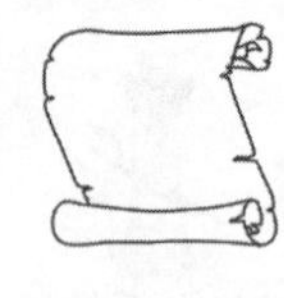

10. 被保險人失蹤時處理方式（第十條）。
11. 保險金申請手續及應備文件之規定（第十一條、第十二條、第十三條）。
12. 除外責任（即保險人不負責賠償）之種類（第十四條）。
13. 扣除欠款及利息後給付之規定（第十五條）。
14. 契約內容變更時，其處理方式之規定（第十六條、第十七條、第十八條）。
15. 以保單墊存的價值準備金向保險公司申請貸款之規定（第十九條）。
16. 保單紅利的計算及給付（第二十條）。
17. 被保險人的投保年齡錯誤時之處理方式（第二十一條）。
18. 受益人之指定以及變更指定的規定（第二十二條）。
19. 要保人地址變更、請求權時效、保險特別約定的批註、管轄法院等規定等（第二十三條、第二十四條、第二十五條、第二十六條）。

本案結論

雖然保險公司在與要保人訂約前，都必須將保險單條款交由主管機關財政部的審查，由主管機關根據標準條款之內容審查，對要保人之權益把關。不過，志明在投保前，最好還是詳細閱讀保單條款，發現有甚麼不清楚，立刻向保險公司詢問，以免日後發生爭議。

相關法條

人壽保險單示範條款第一條至第二十六條。

第十節　被保險人自殺，保險人需不需要賠償？

案例敘述

志明的朋友雅琪於八十八年間向民安保險公司投保了一份終身壽險，受益人指定為自己的母親。後來雅琪於八十九年初因為感情問題一時想不開，留下遺書，從自宅的頂樓跳下身亡。雅琪的母親依據保險契約向保險公司請求給付保險金，卻遭保險公司以雅琪係自殺為由拒不理賠。志明覺得很奇怪，不是只要被保險人在保險契約有效期間內死亡，保險公司就應該理賠嗎？為甚麼於自殺之情形，保險人可以主張不理賠？

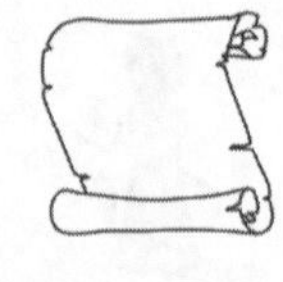

內容解析

人壽保險契約，除生存保險外，被保險人於保險契約期間內死亡時，原則上保險公司均應給付受益人保險金額。但有時候基於公序良俗或保險契約射倖性的考量，保險法規定在某種情形下，保險公司可以不負賠償責任：

(一)被保險人於訂約或契約恢復停止效力之日起二年內故意自殺者

保險法第一百零九條第一項規定：「被保險人故意自殺者，保險人不負給付保險金額之責任。但應將保險之保單價值準備金返還於應得之人。」此乃因為自殺行為有違保險事故發生之偶然性，且有害社會風俗，若仍給付保險金，無異於鼓勵自殺之風氣。不過，若被保險人自殺心意甚為堅定，一定是有其不得已之苦衷。因此，保險法第一百零九條第二項特別規定：「保險契約載有被保險人故意自殺，保險人仍應給付保險金額之條款者，其條款於訂約二年後始生效力。恢復停止效力之保險契約，其二年期限應自恢復停止效力之日起算。」也就是若雙方有特約自殺條款，而被保險人於訂約二年後仍執意自殺者，保險人仍應負賠償責任。

(二)被保險人因犯罪處死或拒捕或越獄致死

保險法第一百零九條第三項規定：「被保險人因犯罪處死或拒捕或越獄致死者，保險人不負給付保險金額之責任。但保險費已付足二年以上者，保險人應將其保單價值準備金返還於應得之人。」這是因為犯罪處死或拒捕或越獄致死都是犯罪行為的結果，屬於被保險人得以預見，因此保險法將此種情形列為保險人的除外責任，以免助長犯罪風氣。但這種情形保險公司仍應返還責任準備金。

(三)受益人故意致被保險人死亡

保險法第一百二十一條第一項規定：「受益人故意致被保險人於死或雖未致死者，喪失其受益權。」這是因為受益人若故意致被保險人於死，顯係謀財害命，嚴重影響善良風俗，故喪失其受益權。又在此種情況，僅犯罪之受益人無請求保險金額之權，其他受益人仍得申請全部保險金額。另同條第二項本來規定：「受益人故意殺害被保險人未遂時，其受益權應予撤銷。」但有學者認為受益人「故意殺害被保險人未遂」，其惡性與第一項所稱「故意致被保險人於死」相同，故不應以被保險人死亡與否來適用不同的標準，況若要保人不撤銷受益人之受益權，豈不是讓殺害被保險人未遂之受益人仍得請求保險金？故本條第一項於九十年修正時，即將「雖未致死」之情形一併納入。

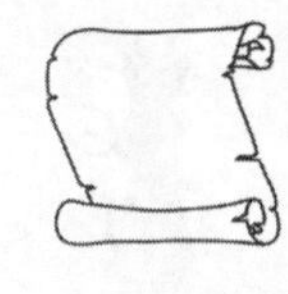

㈣要保人故意致被保險人死亡者

保險法第一百二十一條第三項規定：「要保人故意致被保險人於死者，保險人不負給付保險金額之責。保險費付足二年以上者，保險人應將其保單價值準備金給付與應得之人，無應得之人者時，應解交國庫。」要保人為保險契約之當事人，其故意致被保險人於死，亦屬惡性重大，故保險人不負給付保險金額之責任，但仍應給付保單價值準備金與應得之人。

本案結論

志明的朋友雅琪從自宅的頂樓墜下死亡，因為其留有遺書，故應可推知其為自殺身亡。依保險法第一百零九條之規定，被保險人自殺屬於保險之除外事項，因此保險公司不負給付保險金予受益人之責任，但仍應將保單價值準備金返還於應得之人。因此，保險公司主張對於雅琪的自殺身亡，不負賠償責任為有理由。

第十一節　繳納了第一期的保險費後，還可以後悔不保嗎？

相關法條

保險法第一百零九條、第一百二十一條。

案例敘述

志明禁不住保險業務員一再的鼓吹，因而向東海保險公司投保保險金額三佰萬元的人壽保險，並即繳納相當於第一期的保險費。嗣後志明接獲保險公司寄送的保險單後，經過審慎衡量自己的需要及繳費能力後，志明決定不要繼續繳費。志明不知道其是否可以主張撤銷契約？又應於何時撤銷才有法律的效力？

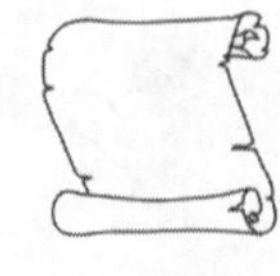

內容解析

早期的人壽保險公司業務員，大多缺乏專業知識，因此無法對於商品內容或契約條款詳加解釋；或業務員貪圖高額佣金，而鼓吹要保人高額投保，造成應繳保費非要保人所能負擔，而造成許多保險糾紛。為維護投保大眾保險權益，財政部乃於七十七年八月二十五日以臺財融字第七七〇二八六五八一號函告各壽險公司，於保戶雖繳交第一期保費，並收受投保之契約樣本後十日內，仍得向壽險公司撤回要保。而後又於八十一年三月七日以臺財保字第八一一七五七〇七號函將「契約撤回請求權」改成「契約撤銷權」，後再於八十二年十二月二十四日臺財保字第八二一七三二一七八號函修訂若干規定，以下即簡述該函之內容：

1. 保險業業務員從事保險招攬業務，應向要保人詳為告知有關契約撤銷權之規定。
2. 要保人得於收到保險單之翌日起算十日內親自或以書面檢同保險單雙掛號郵寄向保險人撤銷契約。
3. 依前項規定行使保險契約撤銷權者，撤銷之效力，自要保人郵寄郵戳當日零時起或親自送達時起生效，該契約自始無效，保險人應無息退還要保人所繳保險費；契約撤銷生效後發生之保險事故，保險人不負保險責任，但契約撤銷生效前，若發生保險事故者，則視為未撤銷，保險人仍應依保險契約規定負保險責任。

4. 保險契約撤銷權，不論有體檢保件或無體檢保件之要保人均得主張行使。

5. 保險契約撤銷權之規定，保險人應於要保書上以粗黑及較大字體標示。

6. 本函之規定適用於個人二年期以上人身保險契約。

本案結論

由前述可知，要保人所投保條件若於投保後改變心意不擬繼續投保，均得於符合上揭規定下，行使其「契約撤銷權」。也就是說，志明得於收到保險單之翌日起算十日內親自或以書面檢同保險單雙掛號郵寄向保險公司撤銷要保。一旦志明在期限內向保險公司行使「契約撤銷權」，保險公司即應無息返還志明所繳納的保險費。而於契約撤銷生效後發生之保險事故，保險人亦不負保險責任。

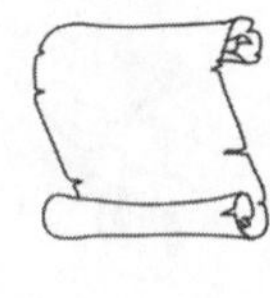

第十二節　受益人可不可以代為繳納保險費？

案例敘述

志明的父親向東海保險公司投保一終身壽險，並指定志明為保險契約之受益人。可是志明的父親繳納三期保險費之後，就因為經濟困難而不再繳納。志明想知道，若不繼續繳納保險費，是不是會影響受益人之權益？又保險人可不可以直接向受益人請求交付保險費？

內容解析

依保險法第三條規定：「……要保人……負有交付保險費義務之人」，同法第二十二條第一項則規定：「保險費應由要保人依契約規定交付」。因為，保險契約的當事人為保險人及要保人，要保人無論係為自己的利益（以自己為受益人）訂立保險契約或為他人之利益（指定他人為受益人）訂立保險契約，要保人均為負有交付保險費義務之人。

又依保險法第二十二條第二項規定：「要保人為他人利益訂立之保險契約，保險人對於要保人所得為之抗辯，亦得以之對抗受益人。」因此，若要保人不繳交保險費，保險契約的效力會受影響，保險公司可以以要保人未繳交保險費來對抗受益人，則受益人的保險金請求權就會受影響。所以，由此點可知，受益人為了自己將來的保險金請求權，似乎可以考慮替要保人繳交保險費。

可是受益人不是保險契約當事人，可以主張替要保人繳交保險費嗎？依保險法第一百十五條規定：「利害關係人，均得代要保人交付保險費」。而所謂「利害關係人」，是指保險契約的受益人、受讓人及要保人的債權人、繼承人、家屬及因保險契約存在而直接或間接可能受益的人。因此，受益人是可以利害關係人的身分，代替要保人向保險公司交付保險費的。不過，保險法雖然規定利害關係人可以代繳保險費，但並非意謂著利害關係人有交付保險費之義務，祇是利害關係人有交付保險費之資格，但是否願意繳納，仍須由利害關係人自行考量。而且縱使利害關係人曾替要保人代繳一期保險費，也不代表利害關係人對於將來陸續到期之保險費負有交付之義務。因此，保險公司是不能任意向利害關係人請求繳交保險費的。

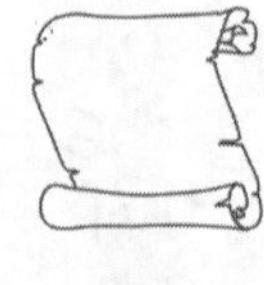

本案結論

志明既然為其父親終身壽險契約的受益人，即是所謂的利害關係人，有代替要保人交付保險費之資格，但是仍沒有繳交保險費之義務，要不要代為繳交係由志明自己考量。不過保險費是否繼續繳納，關係志明的受益權，因此若經濟狀況許可，志明繼續代替父親繳交保險費，應該是對自己較為有利的方式。

相關法條

保險法第三條、第二十二條、第一百一十五條。

第十三節　投保後繳不出保險費，對保險契約會有甚麼影響？

案例敘述

志明向東海保險公司投保「終身壽險」，保險金額為三百萬元，保險費係採取半年繳的方式，而第一期保費已依規定繳納。但因為臨時周轉困難，志明無法如期交付第二期之保險費。志明想知道，若要保人延遲交付保險費，保險公司會採取甚麼後續動作，又對契約的效力會不會有所影響？

內容解析

保險法第二十一條規定：「保險費分一次交付及分期交付兩種。保險契約規定一次交付，或分期交付之第一期保險費，應於契約生效前交付之……」。而人壽保險契約多為長期契約，故以分期交付為主，但人壽保險的第一期保險費與第二期以後陸續到期的保險費，在性質上卻有極大的不同。

人壽保險的第一期保險費，若保險人未要求要保人預付保費，僅與要保人約定保險費之數額，並獲得要保人的承諾，契約即成立生效。則此時第一期的保費即成為保險人的「既得

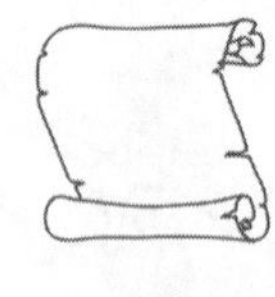

債權」，保險人即可以透過訴訟方式向要保人請求交付。但是在人壽保險實務上，各保險公司幾乎都會在保險單交付之前或交付的同時收取保險費，而使保險費的交付，成為保險契約生效的「停止條件」(民法第九十九條第一項參照)。

至於壽險契約第二期以後陸續到期的保險費，依保險法第一百十七條第一項規定，保險公司不得以訴訟請求支付，倘若要保人到期不交付時，保險人可能會如何處理？

1. 催告後停效：保險契約經過保險法第一百十六條第一項所規定的三十日繳費寬限期時，而仍未支付時，保險契約就自寬限期間終了翌日起停止效力。保險契約效力停止以後，契約中得享有的權利均暫時停止。也就是說，若於停效的期間內發生保險事故，保險公司並不用負擔任何保險責任。

2. 停效後復效：保險法第一百十六條第三項規定：「第一項停止效力之保險契約，於保險費及其他費用清償後，翌日上午零時，開始恢復其效力。」而依保險法施行細則第三十條第一項規定：「因本法第一百十六條第一項所載之原因，停止效力之人身保險契約，要保人於清償欠繳保險費及其他費用後，得恢復其效力，其申請恢復效力之期限，自最後一次應繳保險費之日起不得低於二年。」由此可知，雖然保險契約的效力停止，但要保人仍得於效力停止日起算二年內，隨時申請復效。辦理復效時，需填寫復效申請書，繳清積欠的保費及其他費用，並經保險公司同意後，即可於翌日上午零時，開始恢復其效力。

3. **終止契約**：保險法第一百十六條第四項規定：「保險人於第一項所規定之期限屆滿後，有終止契約之權。」也就是說，保險公司於寬限期間屆滿後，得有終止契約的權利。若保險公司不為終止契約，則要保人仍得申請復效，但若已超過得申請復效之期間，保險契約即不得再恢復效力。而於保險契約終止的情況，依保險法第一百十七條第三項之規定，若保險費已付足二年以上者，保險公司應返還屬於要保人的保單價值準備金。

4. **減少保險金額或年金**：依保險法第一百十七條第二項規定：「保險費如有未能依約交付時，保險人得依前條第四項之規定終止契約，或依保險契約所載條件減少保險金額或年金。」同條第四項則規定：「以被保險人終身為期，不附生存條件之死亡保險契約，或契約訂定於若干年後給付保險金額或年金者，如保險費已付足二年以上而有不交付時，保險人僅得減少保險金額或年金。」又依同法第一百十八條第二、三項規定，減少保險金額或年金，應以訂原約時之條件，訂立同類保險契約為計算標準。其減少後之金額，不得少於原契約終止時已有之保單價值準備金，減去營業費用（以原保險金額百分之一為限），而以之作為保險費一次交付所能得之金額。

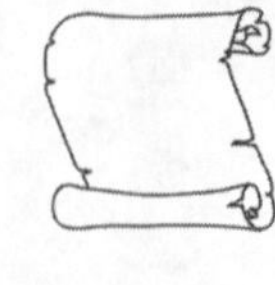

本案結論

因此，若志明無法按期繳納第二期之人壽保險費，保險公司應向其為催告之程序，而經催告到達後逾三十日（寬限期間）仍不交付時，保險契約之效力即停止。而雖然超過寬限期間，但在保險人未行使契約終止權之前，要保人仍得於效力停止日起算二年內繳清保險費及相關費用，隨時檢具申請書向保險人申請復效。惟若保險契約超過得申請復效之期間，要保人未申請復效，保險契約即告終止，就不再有恢復效力的機會。

相關法條

民法第九十九條、保險法第二十一條、第一百一十六條、第一百一十七條、第一百一十八條、保險法施行細則第三十條。

第十四節　保險人可不可以未履行催告程序，直接終止契約？

案例敘述

志明向東海保險公司投保「終身壽險」後，因為工作忙碌忘記交付續期之保險費。可是於繳費到期日三十日後，保險公司竟然自動停止了保險契約的效力。志明覺得很奇怪，保險法不是規定保險公司要履行催告之程序嗎？保險公司可以未經催告繳付保險費，即於期間經過後停止保險契約的效力嗎？

內容解析

保險法第一百十六條第一項規定：「人壽保險之保險費到期未交付者，除契約另有訂定外，經催告到達後逾三十日仍不交付時，保險契約之效力停止。」也就是說，保險公司不僅

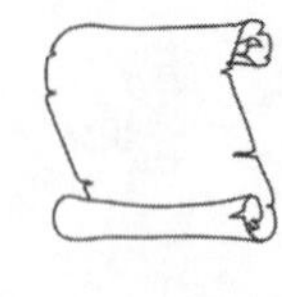

要向要保人催繳保費，而且寬限期間必須等到保險公司的催告「到達」要保人之後，才能開始起算。這種規定雖然對要保人有利，但是相對的就保險人而言卻相當的不合理。例如，為了證明催告「到達」要保人，保險人勢必以雙掛號寄達，增加許多郵寄成本；而在月繳保費的情形，由於保險人必須給予要保人三十天之寬限期，等於要保人只要繳一個月的保險費，保險契約就持續有效達二個月以上，容易鼓勵要保人積欠保險費，對保險公司而言並非公平。

為解決前述情況，實務上保險公司乃以保險法第一百十六條第一項「除契約另有訂定外」之規定為基礎，而於契約中特別約定不須經過催告之程序，保險契約效力自動停止。惟此種約定究竟有沒有效力？學說上有正反兩說。採肯定說者認為，保險法第一百十六條第一項「除契約另有訂定外」之文字，即可解釋為契約雙方當事人得以特約免除保險人催告之義務，故保險公司自得於保單條款上為前述約定。否定說者則認為，條文所謂的「除契約另有訂定外」，是指保險公司可以在保單條款上訂定較三十日為長的寬限期，並非可以任意免除催告義務。

對於前述爭議，主管機關財政部係採肯定見解，並於民國五十七年一月四日以臺財錢發字第一三三九二號函表示，未修正前之保險法第三十三條第一項，對於到期未繳付之人壽保險費，概應為催告，否則即不生保險契約停止效力之問題。惟五十二年保險法將該條文號次修正為現行之第一百十六條時，因鑒於「人壽保險契約之期限有長短之分，其保險費之交付，又有按年按季按月之別，關於催告之規定，如對按季按月交付保險費之契約，併予適用，則對保險人業務之經營，資金之營運，影響至大，顯非合理，故增修為『保險契約另有訂定外』以資因應」。是以基於前述立法修正原意以觀，該第一百十六條第一項關於「除契約另有訂定外」之例外規定，旨在使保險人得以契約約定免為催告似甚明確。而目前經財政部核定實施的「人壽保險單示範條款」第四條亦規定「第二期以後分期保險費到期未交付時，年繳或半年繳者，自催告到達翌日起三十日內為寬限期間；月繳或季繳者，則自保險單所載交付日期之翌日起三十日為寬限期間」、「逾寬限期間仍未交付者，本契約自寬限期間終了翌日起停止效力。如在寬限期間內發生保險事故時，本公司仍負保險責任」等語。

本案結論

因此，依現行的保險實務，保險公司得否於未催告志明的情況下，於寬限期經過後即將保險契約的效力停止，還是要看其與保險公司契約的繳費方式而定。若在月繳、季繳的情況，保險公司已不再負有催告之義務，契約的效力在到期日之翌日起，經過三十日即行停止。但是在年繳、半年繳的情形，保險公司還是負有催告的義務，若到期不為催告，保險契約的效力將一直持續下去。

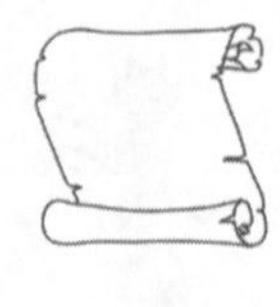

相關法條

保險法第一百十六條、人壽保險單示範條款第四條。

第十五節　被保險人年齡計算錯誤，對契約效力有甚麼影響？

案例敘述

志明出生於民國六十五年三月十八日，要在民國八十八年九月十二日投保，其看到保險契約中有關填寫年齡的記載，志明不知道要如何計算其保險年齡？如果計算錯誤，保險公司可不可以據以解除契約？或者在法律上會有怎麼樣的效果？

內容解析

人壽保險主要是以被保險人的年齡、性別及身體健康狀況來計算保險費的費率。其中，對於被保人「保險年齡」的計算，是採所謂「最近生日法」的方式。也就是說，不足一歲的月份，超過六個月計一歲，六個月以下則捨去不計。例如民國六十五年三月十八日生的人在民國八十八年九月十二日投保，則足歲年齡為二十三歲五個月又二十四天，投保年齡則為二十三歲；如果此人再過七天才投保的話，則他的保險年齡便為二十四歲了。

要保人在投保時，必須在要保書上填寫被保險人的出生年月日等資料，以便保險業務人員計算費率。如果被保險人年齡資料填寫錯誤，依保險法第一百二十二條規定：「被保險人年齡不實，而其真實年齡已超過保險人所定保險年齡限度者，其契約無效。因被保險人年齡不實，致所付之保險費少於應付數額者，保險金額應按照所付之保險費與被保險人之真實年齡比例減少之。」而人壽保險單示範條款第二十一條也依前述保險法之規定，分別於下列幾種情況，對於年齡誤算的規定，有不同之處理方式。

1. 被保險人年齡不實，而其真實年齡已超過保險公司所定保險年齡限度者，則保險契約無效。每一張壽險保單，保險公司都訂有最高承保年齡的限制，例如六十五歲或七十歲。如果被保險人投保時的實際年齡已經超過保險公司最高承保年齡的規範，卻將年齡報低，若查明屬實，契約就是無效的，保險公司應該無息退還保戶所繳的保費。同樣的若發生保險事故，保險公司也沒有賠償的責任。

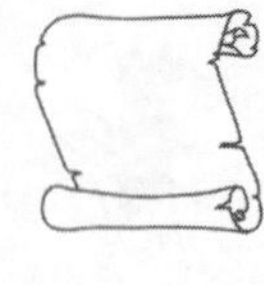

2.被保險人的真實年齡介於最高及最低年齡之間而發生多報或少報的情況：

(1)年齡以多報少：例如真實年齡二十五歲但誤報為二十三歲，如果是在事故發生前發現，則補繳保費即可；若在保險事故發生後才發現，則保險公司得按原繳保險費與應繳保險費的比例計算保險金額，但錯誤發生於保險公司者，則不在此限。

(2)年齡以少報多：例如真實年齡二十三歲，卻填為二十五歲，則保險公司應將逾收的保險費，無息退還給被保險人。若在保險事故發生後才發現且錯誤在於保險公司者，保險公司得按原繳保險費與應繳保險費的比例計算保險金額。

前項1.及2.(2)之情形，若其錯誤原因可歸責於保險公司，保險公司應加計利息返還保險費，其利息按財政部核定之保單分紅利率計算。

本案結論

所以，依目前人壽保險公司所採用的最近生日法計算保險年齡，志明於投保時應該為二十三歲。而若志明填寫年齡的資料有錯誤，保險公司也不可以認定保戶對重要事項的告知不實，而直接主張解除契約，僅能依前述保險法及人壽保險單示範條款相關規定來辦理。

相關法條

保險法第一百二十二條、人壽保險單示範條款第二十一條。

第十六節　以前訂立的保險契約不符現在實際的需要該怎麼辦？

案例敘述

志明的父親於十年前曾礙於情面，向從事保險業務員的堂弟購買一終身壽險，但是除了按時繳交保費外，志明的父親並未十分注意其可依保險契約所享有之權利。可是志明的父親聽說保險公司最近推出的保險商品比起十年前投保時的選擇性更多，而且還有許多附加服務。因此，志明的父親想知道是不是應該解除先前已經不符實際需要的保險契約，而重新投保新的保險契約？還是可以透過其他的方式來彌補？

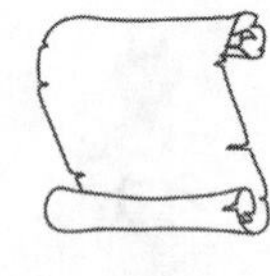

內容解析

保險制度的目的，就是希望能夠在事故發生時獲得賠償，而填補因意外事故所造成的損害。因此，如何使所投保的保險契約切合實際的需要，就是一個很重要的課題。事實上，我們在投保保險契約後，應該每隔三至五年就要檢視一次，以隨著自己生活層次的改變，調整保險金額之額度以及所需之附加服務。若原有的保險單已不能滿足現在實際的需求時，可以採用下列方式來彌補：

1. **辦理轉換契約**：有些保險公司有提供轉換保險契約的服務，也就是將原投保的保險契約轉換成其他較合適的保險契約。不過轉換時要注意保險金額的調整是否符合實際需要，若較原投保之金額為高，仍需補繳差額之保險費。又並非每家保險公司均有提供此項轉換服務，所以辦理前要先向保險公司詢問清楚。

2. **變更為繳清保險**：繳清保險就是一旦保險契約變更後，要保人即不需要再繳交以後各期的保險費，但仍可在原保險期間內，繼續享有原保險條件但保險金額較小的保障。此時要保人可以依實際需要投保新的保險契約，並同時享有新投保保額及原保險契約的繳清保額的雙重保障。

3. **變更成展期保險**：展期保險是指在不變更原來死亡保險金額的原則下，以當時契約所積存的保單價值準備金來計算，以不超過原來保險期間為準，使契約繼續有效至某特定時日。變更為展期保險後，要保人就不需要再繳交保險費，但只有意外事故發生時才能領取保險金，而沒有滿期保險金。展期保險一般適用於投保期間已經很長，而積存甚高的保單價值準備金之情形，若投保期間不長，還是採用繳清保險較為有利。

4. **辦理追加保險**：若因為經濟狀況的改變，原有保險單的保障範圍不夠或保障額度不足時，要保人可以估計所欠缺的項目及金額，選擇合適的保險作再次的投保，以彌補原有保障的不足，而原有的保險契約仍可繼續持有。

5. **辦理解約**：因原有保險契約不符實際需要而解除契約，另外重新投保，是最不得已的方法。因為解約後雖然依保險法可以領取解約金，但是解約金僅是保單價值準備金的一定比例，其數額比繳交的保險費少。而且解除契約後至新的保險契約訂立前，被保險人將失去保障。另外，新投保的保險契約，也可能因年齡較大，而必須負擔較多的保險費。因此，若無絕對必要，不要輕易辦理解約。

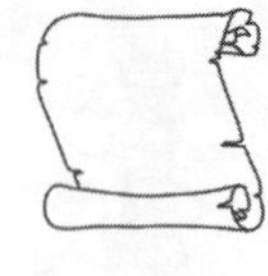

本案結論

為了使自己所投保的保險能夠切合實際的需要，志明的父親應該每隔一段時間即檢視所投保之保險契約。而一旦發現先前所投保之保險契約已不合現況需要，也不用急著辦理解約另行投保，而可以透過前述的幾種方式，找出最適合自己的方式來辦理，以期能妥善發揮保險的功能。

第四章 事故發生時理賠的法律問題

第四章

第一節　保險公司賠不賠償的標準是甚麼？

案例敘述

保險制度的功能，是利用共同團體的力量，於保險事故發生時填補被保險人的損害，以達成安定人心的目的。可是志明的朋友阿龍上個月因為違規逆向行駛，車禍造成重傷，後來向投保的保險公司申請理賠，保險公司竟然表示車禍是出於阿龍的重大過失，所以保險公司不願負責。志明很納悶，若發生保險事故而無法獲得理賠，那投保保險不就沒有甚麼用了嗎？到底保險公司賠不賠償的標準是甚麼？

內容解析

保險法第二十九條第一項前段規定：「保險人對於由不可預料或不可抗力之事故所致之損害，負賠償責任。」而第五十一條第一項前段規定：「保險契約訂立時，保險標的之危險

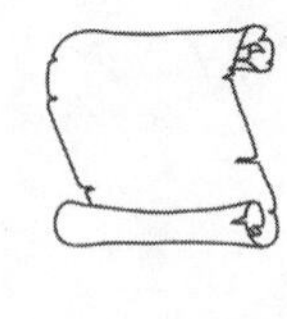

已發生或已消滅者，其契約無效。」由前述可知，保險人所承保的範圍是「將來」可能會發生的危險，而且危險事故必須是出於「不可抗力或不可預料」的原因，保險人才負賠償之責任。

除了出於不可預料或不可抗力的意外情況外，保險法規定保險人對於下列原因所造成的損害應負賠償責任：

㈠因要保人、被保險人過失所造成損害（保險法第二十九條第二項參照）

而本條所謂的「過失」，包不包括重大過失？學說上有不同之看法：

1. 肯定說：保險法第二十九條第二項規定，保險人對因「過失」所造成損害應負賠償責任，這裡所謂的過失，並未明文將重大過失排除，自然包括一切過失在內。而保險法第一百零九條亦並未將重大過失列為人壽保險人的免責事由。雖然海商法第一百七十三條（現行法第一百三十一條），明文將重大過失排除，但其僅適用於海上保險，與一般保險制度並不相同。因此，縱屬要保人、被保險人或其代理人之重大過失，保險人仍應負理賠責任。

2. 否定說：重大過失是一種肆無忌憚的態度及行為，雖然並非出於故意，但是其可歸責性與故意相去不遠。且民法第二百二十二條規定：「故意或重大過失之責任，不得預先免除。」因此，即使當事人間曾以特約約定保險公司對於重大過失所致的損害應負賠償責任，依法亦屬無效。所以凡屬要保人、被保險人或其代理人重大過失所造成的損害，不得請求保險公司理賠。關於前述爭議，我國保險法學者多贊成保險公司不必理賠，但司法院司法業務研究會第三期的研究意見，認為保險公司在出於重大過失的情形仍應負給付保險金的責任。

㈡因履行道德上的義務所造成的損害（保險法第三十條參照）

所謂履行道德上義務，例如被保險人因跳入水中救人而不幸溺斃，此時雖屬被保險人的故意行為，但保險人仍需理賠。

㈢因要保人或被保險人的受僱人，或其所有之物或動物所造成的損害（保險法第三十一條參照）

㈣戰爭所造成的損害（保險法第三十二條參照）

保險法雖規定，保險契約條款如無除外之規定，戰爭危險當然包括在保險範圍內。但依目前的保險實務，均已經明定戰爭危險為除外責任原因之一，因此目前對於戰爭危險，保險公司是不理賠的。

而於下列原因所造成之損害時，保險人不負賠償責任：

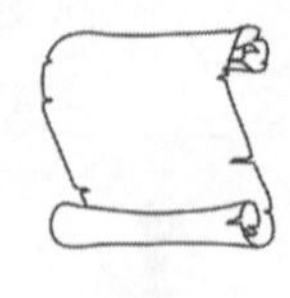
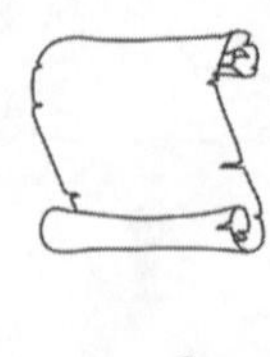

1.因要保人或被保險人的故意所造成的損害（保險法第二十九條第二項後段參照）。

2.因要保人或被保險人對於保險標的物未盡約定保護責任所致之損失（保險法第九十八條第一項參照）。

若保險契約約定要保人或被保險人應盡相當程度之保護責任，也就是加重要保人或被保險人對於保險標的的注意義務，若未盡此責任，保險人自得主張免責。

3.保險單上明文規定保險人不負責的範圍（保險法第二十九條第一項但書）。

本案結論

所謂除外條款，即本應包括在保險範圍內的危險範圍內，如果條款上未明文規定除外，則已包括在內，危險事故發生時，保險就應負責賠償。而為了這個原因，保險公司通常會在條款上特別明文規定，將某種危險除外不賠，若保險公司有此除外條款存在，在危險事故發生時，就可以不理賠。志明的朋友阿龍發生保險事故的原因，是因為違反交通規則逆向行駛，應該是屬於被保險人本身的重大過失。雖然對於重大過失保險人需不需要負責，在實務上仍有爭議，但保險公司仍可能於保險契約中明文規定重大過失不賠，則此時保險公司自不需要加以賠償。

相關法條

民法第二百二十二條、保險法第二十九條、第三十條、第三十一條、第三十二條、第五十一條、第九十八條、第一百零九條、海商法第一百三十一條。

第二節　一人受傷幾人賠？

案例敘述

志明聽從事保險經紀人工作的好友美玲說，保險制度的目的，在於填補被保險人於保險事故發生時之損害，但是並非鼓勵被保險人因而獲利，所以保險法有所謂的禁止不當得利原則。但究竟該原則的內容是甚麼？如果志明不幸發生車禍受傷，在受領了保險人給付的保險金之後，是不是還可以向肇事者請求損害賠償？若可以要求賠償，志明是不是會有雙重獲利之情形？

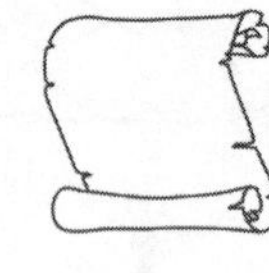

二、內容解析

保險法第五十三條第一項規定：「被保險人因保險人應負保險責任之損失發生，而對於第三人有損失賠償請求權者，保險人得於給付賠償金額後，代位行使被保險人對於第三人之請求權。但其所請求之數額，以不逾賠償金額為限。」也就是說，保險人得於填補被保險人損害後，行使代位的權利，代位被保險人向第三人請求賠償，以避免被保險人因保險制度而雙重獲利。前述的「代位權」（保險法第五十三條參照）與「複保險」（保險法第三十五條參照）及「超額保險之禁止」（保險法第七十六條參照），就形成保險法所謂「禁止不當得利原則」。

財產保險之目的在填補損害，且其保險利益得以金錢加以衡量，被保險人不得為超額賠償請求，以防道德危險之發生，故有「禁止不當得利原則」之適用。惟查，人身保險因人身無法以經濟上利益估定其價值，自無賠償超逾損害之情形，即無超額賠償可言。因此，並無前述「禁止不當得利原則」之適用。故保險法第一百零三條規定：「人壽保險之保險人，不得代位行使要保人或受益人因保險事故所生對於第三人之請求權」，而健康保險、傷害保險及年金保險也分別於第一百三十條、第一百三十五條及第一百三十五條之四準用保險人不得行使代位權之規定。

至於若被保險人因侵權行為受損害，於受領保險人之保險金後，還可不可以向加害人請求損害賠償？實務上則有不同之見解：

1. **否定說**：依民法侵權行為之規定，請求損害賠償，必須自己之私權被侵害，並須受有實際之損害者，始得為之，非謂他人一有不法行為，即可任意請求賠償(最高法院五十三年臺上字第六二五號判決參照)。某甲雖遭某乙撞傷，然因受有保險給付而未實際支出醫藥費，即無損害可言，不得請求某乙賠償。

2. **肯定說**：保險制度旨在保護被保險人，非為減輕損害事故之加害人責任，保險給付請求權之發生，係以定有支付保險費之保險契約為基礎，與因侵權行為所生之損害賠償請求權，並非出於同一原因。後者之損害賠償請求權，不因受領前者之保險給付而喪失（最高法院七十年臺上字第四六九五號判決參照)。故某甲仍得向某乙請求賠償醫藥費。

本案結論

關於這項爭議，司法院(七五)廳民一字第一六三四號函採肯定說。因此，被保險人於受領保險人之保險金後，還可以向加害人請求損害賠償。由前述可知，由於人身保險的保險利益無法以金錢加以衡量，於保險事故發生時，是屬於抽象的損害，因此，沒有保險法上禁止不當得利原則的適用。而基於保險契約所受領的保險金與基於侵權行為所產生的損害賠償請求權係屬二事，故志明在受領了保險人給付的保險金之後，還可以向車禍的肇事者請求損害賠償，而不會有雙重獲利之情形。

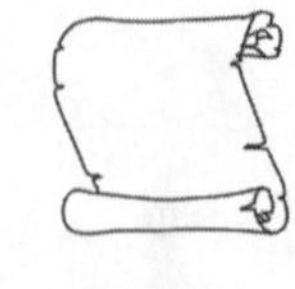

相關法條

保險法第三十五條、第五十三條、第七十六條、第一百零三條、第一百三十條、第一百三十五條、第一百三十五條之四。

第三節 投保時被保險人已經懷孕，健康保險賠不賠？

案例敘述

志明的朋友佳蓉於去年投保了伍拾萬元的終身壽險，並附加住院醫療的健康保險。但佳蓉於訂立契約時已懷孕，卻未告知保險人。於佳蓉生產後，檢具住院證明及醫療費用收據等資料向保險人申請保險金，卻遭保險人拒絕。志明覺得很奇怪，既然健康保險保障的是被保險人因為疾病、分娩所支出的醫療費用，那麼為甚麼保險人可以主張不理賠？

內容解析

依保險法第一百二十五條規定：「健康保險人於被保險人疾病、分娩及其所致殘廢或死亡時，負給付保險金額之責。」因此，若被保險人於保險期間內生產，是可以向保險人請求保險金額的。不過，同法第一百二十七條另規定：「保險契約訂立時，被保險人已在疾病或妊娠情況中者，保險人對是項疾病或分娩，不負給付保險金額之責任。」所以，若被保險人在投保時已經懷孕，則針對其此次分娩，保險人是可以主張免責的。

除了前述第一百二十七條之規定外，健康保險的除外責任，另外規定於同法第一百二十八條。該條規定：「被保險人故意自殺或墮胎所致疾病、殘廢、流產或死亡，保險人不負給付保險金額之責。」因此，若被保險人有前述情形，保險人也是可以主張免責的。另外，依財政部頒布的「住院醫療費用保險單示範條款」第十條規定：「被保險人因下列原因所致之

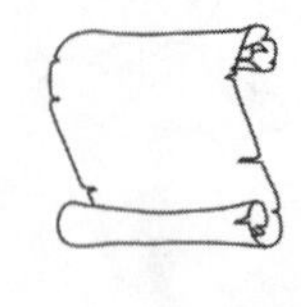

疾病或傷害而住院診療者，本公司不負給付各項保險金的責任：一、被保險人之故意行為（包括自殺及自殺未遂）。二、被保險人之犯罪行為。三、被保險人因非法吸食或施打麻醉藥品。被保險人因下列事故而住院診療者，本公司不負給付各項保險金的責任。一、美容手術、外科整型或天生畸形。但因遭受意外傷害事故所致之必要外科整型，不在此限。二、非因治療目的之牙齒手術。但因遭受意外傷害事故所致者，不在此限。三、裝設義齒、義肢、義眼、眼鏡、助聽器或其他附屬品但因遭受意外傷害事故所致者，不在此限，且其裝設以一次為限。四、健康檢查，療養或靜養。五、懷孕、流產或分娩。但因遭受意外傷害事故所致或醫療行為必要之流產，不在此限。六、不孕症、人工受孕或非以治療為目的之避孕及絕育手術。」

本案結論

佳蓉於投保時即已經懷孕，但卻未告知保險人，合於保險法第一百二十七條所規定之除外責任事由，因此，保險人對於佳蓉此次分娩的醫療費用是不用負責的。另外，值得注意的是，健康保險雖然係人身保險的一種，但通說認為其醫療費用部分具有損害保險之性質，有禁止不當得利原則的適用。因此，若被保險人已經投保勞工保險或全民健保，其在疾病或分娩時已從社會保險獲得的住院醫療費用給付，保險公司就不再重複給付，而僅給付醫療費用的差額。

相關法條

保險法第一百二十五條、第一百二十七條、第一百二十八條、住院醫療費用保險單示範條款第十條。

第四節 「意外傷害」的認定標準是甚麼?

案例敘述

志明的朋友小楊喜好杯中物，為免自己酒後發生意外，故除向民安保險公司投保三十萬元人壽險外，並附加傷害特約保額六十萬元。某日，小楊自外參加喜宴返家，酒足飯飽之餘，即倒頭大睡。不料，隔日家人竟發現小楊死在床上，穢物滿地。經法醫鑑定結果係因夜半反胃，胃中嘔吐物塞住氣管窒息死亡。則小楊的死亡是否屬意外事故傷害?又意外事故傷害的認定要件為何?

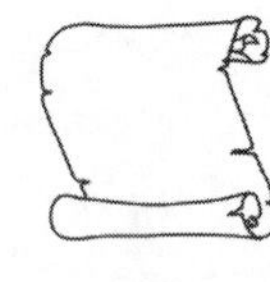

內容解析

依保險法第二十九條第一項規定：「保險人對於由不可預料或不可抗力之事故所致之損害，負賠償責任。但保險契約內有明文限制者，不在此限。」而同法第一百三十一條亦規定：「傷害保險人於被保險人遭受意外傷害及其所致殘廢或死亡時，負給付保險金額之責。」由此可知，保險事故的發生必需基於「意外」的原因，保險人始負賠償之責任。惟何謂「意外」？依通說的見解應具備下列要件：

1. 原因係屬意外：指事故及結果的發生從被保險人一方的立場而言是屬於無法預見的狀態，也就是並非出自要保人或被保險人的預謀。例如颱風天走在街頭，被突然掉落的招牌擊傷。

2. 原因係屬外來：此相對於內在性而言，也就是事故的發生是由於身體外部原因的影響，而非基於身體內部的疾病所致。例如食物中毒，雖然是體內發生中毒現象，但其係基於外來食物的毒性，故為外來事故的死亡。

3. 原因係屬於劇烈：指事故的發生必須是猛烈的而非輕微的，而且非由於漸進形成所導致。但若原因為劇烈而結果並非劇烈，仍應認為屬於劇烈原因。例如被汽車撞擊，傷及內臟，初未發現，而經過數週後突然死亡，亦應認為屬於意外事故。

如前所述，通說認為「外來突發之意外傷害事故」為保險公司負責的前提，而實務上最高法院七十六年臺上字第五八八號及八十五年臺上字第一四三〇號判決均認為所謂「外來突發之意外事故」，係指保險事故發生之原因，係由於外來之原因（非因被保險人已存在或可得預料或查知之原因），並指自身以外之事故，且事發突然，無可防範而言。

惟若於保險事故發生後，受益人祇要備其相關文件，即可向保險人請求給付保險金額，若保險公司主張導致死亡結果的事故非屬意外，例如認為死亡的結果係由於被保險人本身的疾病或其故意行為所致時，則保險公司必須就其主張負舉證之責任，以免除給付保險金之責任。

本案結論

志明的朋友小楊死亡的原因經法醫鑑定結果係胃中嘔吐物塞住氣管息死亡，而保險人是否需對此事故負責，就要看小楊之嘔吐窒息是否係因本身之疾病而引起。若係基於內發病症所引發而非外來之事故，其與保險契約有關傷害給付特約條款約定的意外事故有別。所以，保險人可以免除給付保險金之責任。反之，若其不是基於本身的疾病所引起，則小楊的受益人應得請領傷害保險之保險金額。

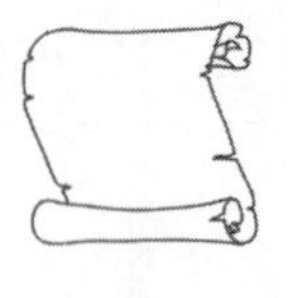

相關法條

保險法第二十九條、第一百三十一條。

第五節　飆車發生車禍致死，傷害保險人要不要理賠？

案例敘述

志明的表弟慶隆非常好動，經常呼朋喚友至馬路上飆車。慶隆的母親擔心慶隆會遭遇意外，乃於八十八年間向民安保險公司投保了一份傷害保險，並指定自己為受益人。某日，慶隆又與喜好飆車之友人在外飆車，不料竟逆向撞上迎面而來的大貨車，經送醫不治死亡。慶隆的母親依據保險契約向保險公司請求給付保險金，卻遭保險公司以慶隆係從事犯罪行為為由拒不理賠。志明覺得很奇怪，慶隆之死因符合外在突發的意外事故，為甚麼保險人可以主張不理賠？

內容解析

傷害保險契約是以被保險人在保險期間內，因遭遇外來突發的意外傷害事故，並因此導致傷害、殘廢或死亡時，保險公司負有給付保險金的責任。但依保險法規定，保險公司遇有下列事由，可免除給付保險金的責任：

(一)被保險人故意自殺或因犯罪行為所致傷害、殘廢或死亡

保險法第一百三十三條規定：「被保險人故意自殺，或因犯罪行為，所致傷害、殘廢或死亡，保險人不負給付保險金額之責任。」因為保險契約所稱的事故必須具備有偶然性，而且應該合於公共秩序與善良風俗。所以被保險人故意自殺，保險公司就沒有給付保險金的責任。至於因犯罪行為所造成之死亡、傷殘，若仍予以賠償，更可能鼓勵非法的結果，違反保險制度的本質，因此保險公司也不予負責。

(二)受益人故意傷害被保險人

保險法第一百三十四條第一項：「受益人故意傷害被保險人者，無請求保險金額之權。」

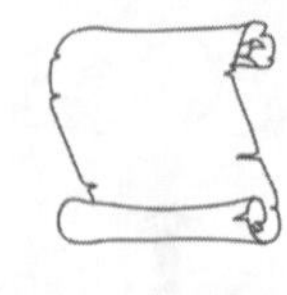

本條規定，係為了防範可能產生的道德危險。又依同條第二項規定如果受益人故意傷害被保險人未遂時，則被保險人得撤銷其受益權利。也就是說，若被保險人撤銷此受益人之受益權後，要保人仍得指定他人為受益人，祇要一經指定新的受益人，保險公司就不能免除給付保險金額之責任。又由於傷害保險的保險期間一般而言較短，因此當保險公司免除給付保險金額之責任時，不會如同人壽保險契約發生返還保單價值準備金的問題。

而除了前述保險法之規定外，財政部頒布之「傷害保險單示範條款」第七條亦規定：「被保險人直接因下列事由致成死亡、殘廢或傷害時，本公司不負給付保險金的責任。一、受益人的故意行為，但其他受益人仍得申領全部保險金。二、要保人、被保險人的故意行為。三、被保險人『犯罪行為』。四、被保險人飲酒後駕（騎）車，其吐氣或血液所含酒精成分超過道路交通法令規定標準者。五、戰爭（不論宣戰與否）、內亂及其他類似的武裝變亂。但契約另有約定者不在此限。六、因原子或核子能裝置所引起的爆炸、灼熱、輻射或污染。但契約另有約定者不在此限。」而同條款第八條則規定：「被保險人從事下列活動期間，致成死亡、殘廢或傷害時，除契約另有約定外，本公司不負給付保險金的責任。一、被保險人從事角力、摔跤、柔道、空手道、跆拳道、馬術、拳擊、特技表演等的競賽或表演期間。二、被保險人從事汽車、機車及自由車等的競賽或表演期間。」

本案結論

志明的表弟慶隆因飆車發生車禍致死，合於傷害保險「外來突發意外事故」的要件。不過，「故意以汽（機）車與他車競速飆車者，應成立刑法第一百八十五條之公共危險罪」（臺北地方法院八十一年保險字第一號判決參照），因此，慶隆致死的意外事故，屬於保險法第一百三十三條所稱「犯罪行為」，應屬保險人之除外責任，保險公司主張不負賠償責任為有理由。

相關法條

刑法第一百八十五條、保險法第一百三十三條、第一百三十四條、傷害保險單示範條款第七條、第八條。

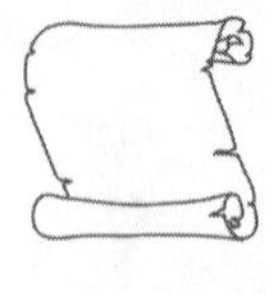

第六節　受益人在保險事故發生後，應如何向保險公司申請給付保險金？

案例敘述

志明的姐夫國明於八十八年三月向民安保險公司投保終身壽險，另附加個人傷害門診給付特約及手術津貼特約條款，並指定其妻子玉芳為受益人。八十九年十月間國明因為車禍受重傷，不幸於同年十一月間死亡。志明想協助姐姐玉芳向保險人請求保險金，但是不知道應該怎麼辦理？又在受益人提出申請以後，保險人應於何時給付保險金？

內容解析

保險制度的目的，就是在意外事故發生時，能夠填補損害，或給予被保險人的遺族經濟上及心理上的安全感。因此，如何在發生保險事故時申請保險金的給付，就是一個很重要的

課題。一般而言，在申請賠償時，受益人應注意下列義務：

㈠保險事故發生之通知

依保險法第五十八條規定：「要保人、被保險人或受益人，遇有保險人應負保險責任之事故發生，除本法另有規定，或契約另有訂定外，應於知悉後五日內通知保險人。」而財政部頒布的「人壽保險單示範條款」第九條則規定：「要保人或受益人應於知悉本公司應負保險責任之事故後十日內通知本公司……」。規範要保人、被保險人或受益人負通知義務之目的，乃在於使保險公司能夠儘速為必要之調查，或減輕保險事故的損害，以保護其法律上之利益。至於通知的方式，保險法並無明文規定，因此，用口頭或書面的方式均無不可，祇要要保人、被保險人或受益人能證明通知已到達保險人即可。不過，目前實務上多數保險單均規定應以書面的方式為通知。而若要保人、被保險人或受益人逾越本條或契約約定的通知期限，依同法第六十三條之規定，保險人亦僅能要求賠償因此所受的損失，而不能據此要求解除契約。

㈡保險事故詳情的提供

通常保險契約中會規定，被保險人或受益人必須在約定的期間內，就保險事故發生的詳細情形向保險公司說明，若保險公司認為有必要，更可要求進一步資料的提供。另外，有些保險契約也會規定，被保險人或受益人在申請保險賠償時必需證明該保險事故是在保險契約所保障的範圍之內。不論是事故發生原因的提供或舉證，均係為提供保險公司作是否理賠的判斷基礎。

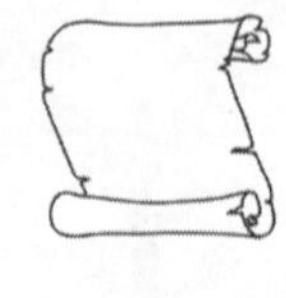

(三)相關文件的準備

被保險人發生保險事故後，受益人應檢具相關文件，才能向保險人請求理賠，而應該準備的文件，也因投保險種之不同，而有不同之規定。

1.個人壽險：依據「人壽保險單示範條款」的規定，分別就生存、死亡及殘廢所應檢具的文件說明如下：

第十一條：「受益人申領『生存保險金』時，應檢具左列文件：一、保險單或其謄本。二、保險金申請書。三、受益人的身分證明。」

第十二條：「受益人申領『身故保險金』時，應檢具左列文件：一、保險單或其謄本。二、被保險人死亡證明書及除戶戶籍謄本。三、保險金申請書。四、受益人的身分證明。」

第十三條：「受益人申領『殘廢保險金』時，應檢具左列文件：一、保險單或其謄本。二、殘廢診斷書。三、保險金申請書。四、受益人的身分證明。」

2.傷害保險：依據「傷害保險單示範條款」的規定，分別就死亡及殘廢所應檢具的文件說明

如下：

第十五條：「受益人申領『身故保險金』時應檢具左列文件：一、保險金申請書。二、保險單或其謄本。三、相驗屍體證明書或死亡診斷書；但必要時本公司得要求提供意外傷害事故證明文件。四、被保險人除戶戶籍謄本。五、受益人的身分證明。」

第十六條：「受益人申領『殘廢保險金』時應檢具左列文件：一、保險金申請書。二、保險單或其謄本。三、殘廢診斷書；但必要時本公司得要求提供意外傷害事故證明文件。四、受益人之身分證明。」

3. 健康保險：依據「住院醫療費用保險單示範條款」的規定：

第十七條：「受益人申領本契約各項保險金時，應檢具下列文件。一、保險金申請書。二、保險單或其謄本。三、醫療診斷書或住院證明。（但要保人或被保險人為醫師時，不得為被保險人出具診斷書或住院證明。）四、醫療費用收據。

至於保險人於收到要保人、被保險人或受益人通知後，應該於何時給付保險金額。依保險法第三十四條規定：「保險人應於要保人或被保險人交齊證明文件後，於約定期限內給付賠償金額。無約定期限者，應於接到通知後十五日內給付之。保險人因可歸責於自己之事由致未在前項規定期限內為給付者，應給付遲延利息年利一分。」保險法之所以明文規定賠償金額給付期限，乃係為避免保險公司惡意遲延給付，而損及要保人或受益人之權利。若保險公司無故推諉或遲延，保險法並課以其利息年利一分的遲延責任。

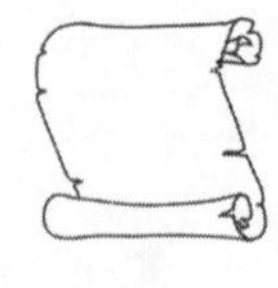

本案結論

所以，玉芳若想要領取保險金，就應該先通知保險公司國明意外死亡的訊息，並履行其他依保險契約應盡的義務。然後，再備妥領取保險金必要的文件，向保險公司提出申請。而保險公司於收齊玉芳所交付之證明文件後，即應於保險契約所定期限內給付賠償金額，若無約定期限者，即應於接到通知十五日內給付之。否則，保險公司即需就其過失負擔遲延利息之責任。

相關法條

保險法第三十四條、第五十八條、第六十三條、人壽保險單示範條款第九條、第十一條至第十三條、傷害保險單示範條款第十五條、第十六條、住院醫療費用保險單示範條款第十七條。

第七節　保險契約的糾紛，究竟應該由那個法院來管轄？

案例敘述

志明的表弟慶隆因為在外飆車，不料竟逆向撞上迎面而來的大貨車，經送醫不治死亡。慶隆的母親依據保險契約向民安保險公司請求給付保險金，卻遭保險公司以慶隆係從事犯罪行為為由拒不理賠。慶隆的母親覺得不合理，決定向法院提起民事訴訟，請求保險公司給付保險金。可是民安保險公司的總公司在臺北市，但慶隆的母親卻是向該公司的高雄分公司投保，那麼到底慶隆的母親應該向那一個法院提起訴訟？

內容解析

我國法院眾多，為了區分每一個法院行使審判權的界限，民事訴訟法有許多關於法院管

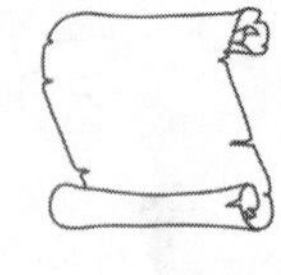

轄權的規定。因此，原告必須向有管轄權的法院提起訴訟，否則被告得抗辯受訴法院無管轄權，而造成訴訟程序的浪費。關於管轄權之規定，我國係採取「以原就被」之原則，也就是應該以被告之住、居所所在地之法院為受理訴訟之法院。民事訴訟法第二條第二項規定：「對於私法人或其他得為訴訟當事人之團體之訴訟，由其主事務所或主營業所所在地之法院管轄。」因此，若受益人要對保險公司提起給付保險金之訴訟，應該向保險公司總公司所在地之法院為之。

但是，在某種特別的情況，民事訴訟法有被告住所地以外法院管轄的特別規定，稱為「特別審判籍」。例如同法第六條規定：「對於設有事務所或營業所之人，因關於其事務所或營業所之業務涉訟者，得由該事務所或營業所所在地之法院管轄。」因此，若保險公司除總公司外，在別處亦設有分公司，則關於分公司之業務涉訟時，分公司所在地法院亦有管轄權。又同法第十二條規定：「因契約涉訟者，如經當事人定有債務履行地，得由該履行地之法院管轄。」因此，若保險契約雙方有另行約定保險金額給付地時，則該給付地之法院亦有管轄權。如前所述，基於同一保險契約，可能數個法院對其均有管轄權，則此時依同法第二十二條之規定，原告得於任一地方法院提起訴訟。但已於其中之一法院起訴後，不得再以同一案件於另一法院起訴，否則後繫屬之法院得依同法第二百四十九條之規定，以其訴不合法而駁回。

雖然民事訴訟法對於管轄權有許多之規定，但依同法第二十四條，仍承認雙方當事人得以合意訂定管轄法院，而財政部頒布的人壽保險單示範條款第二十六條即規定：「本契約涉訟時，約定以要保人住所所在地地方法院為管轄法院」。不過，值得注意的是，保險契約訂有合意管轄條款，限於第一審之法院始有適用，而前項合意也應以文書來證明之。

本案結論

慶隆之母親應該向那一個地方法院提起民事訴訟，首先應該視雙方的契約是否有約定「合意管轄條款」，若雙方有約定，則慶隆的母親應該向合意管轄權法院起訴。若契約中並無合意管轄的約定，則依前述民事訴訟法之規定，臺北及高雄地方法院對本案均有管轄權，慶隆的母親可以選擇其中一個法院提起給付保險金的訴訟。

相關法條

民事訴訟法第二條、第六條、第十二條、第二十二條、第二十四條、第二百四十九條、人壽保險單示範條款第二十六條。

第五章

人身保險與稅金的法律問題

第一節　保險費可否於所得稅中扣除？

案例敘述

志明除了幫自己投保外，也以自己為要保人、其父親為被保險人投保終身壽險，兩份保險契約保險費一年共六萬元。最近因為要申報所得稅，收到保險公司寄來的保險費繳費證明書，志明不知道為何保險公司要寄此份證明給他，是不是保險費可以節稅？到底保險費在所得稅部分有何優惠規定？又此項優惠是否有對象的限制？

內容解析

由於人壽保險除了具有分散危險及填補損害的功能外，亦寓有儲蓄、投資等目的，足以彌補社會保險制度之不足。因此，政府為鼓勵一般人民多多投保，除了善盡對保險業的監督義務外，在稅法部分也對保險費提供了許多優惠。

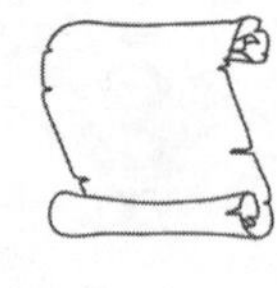

依所得稅法第十七條第一項第二款第二目規定，納稅義務人本人、配偶及直系親屬（父母、子女）之人身保險、勞工保險及軍、公、教保險（農保、學生平安保險及全民健康保險亦包括在內）之保險費，得從個人所得總額中扣除；但每人每年扣除額以不超過二萬四千元為限。適用此條時納稅義務人需為要保人，且納稅義務人所採之方式係「列舉扣除額」，扣繳時必需檢附繳納保險費的證明單來辦理。若要保人採取的是標準扣除額（即不論家庭所有實際花費多少，僅得於一固定的總額內扣除）的方式，就無法直接享受所得稅法對保險費優惠的規定。另外，要注意的是，本條規定的保險費扣除額僅為人身保險，其他屬財產保險的保險費支出，不得列入列舉扣除項目。而且扣抵部分僅限於本人、配偶及直系親屬，若納稅義務人係為前述受其扶養以外親屬投保，則不得依所得稅法的規定申報扣除。

本案結論

志明幫自己及父親投保終身壽險，依前述所得稅法之規定，每人每年可以扣除二萬四千元，二萬四千元乘以二，總數為四萬八千元。而志明所繳納的保險費為六萬元，雖然不能全額扣抵，但是亦不失為節稅的好方法。因此，志明在申報所得稅時，千萬不要忘了保險費可以於所得稅中扣除的規定。

相關法條

所得稅法第十七條。

第二節　保險公司所給付的保險金是否要課稅？

案例敘述

志明的姐夫國明於八十八年三月向民安保險公司投保終身壽險，另附加個人傷害門診給付特約及手術津貼特約條款，並指定其妻子玉芳為受益人。八十九年十月間國明因為車禍受重傷，不幸於同年十一月間死亡。玉芳向保險公司申請理賠，並獲得給付保險金一百萬元。在申報所得稅時，玉芳不知道對於保險公司所給付的保險金額，是否應該申報並繳納所得稅？

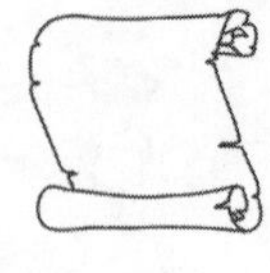

內容解析

由於人壽保險具有彌補社會保險制度之不足之功能，因此，政府為鼓勵一般人民多多投保，除了在所得稅法第十七條給予保險費優惠外，在同法第四條第七款復規定，人身保險、勞工保險及軍、公、教保險之保險給付，免納所得稅。凡屬於人身保險的給付，依財政部七十年七月八日臺財稅字第三五六二三號函之見解，不論其項目名稱，均有該條之適用。因此，包括人壽保險、傷害保險、健康保險、年金保險之滿期生存、死亡、殘廢、住院、醫療、分娩等給付之保險金，均得免納所得稅。另外，依財政部賦稅署七十年八月三十一日臺稅一發第七四七號函之見解，人壽保險單的紅利亦屬人身保險的保險給付範圍，因此，亦可免納所得稅。

另外，依遺產及贈與稅法第十六條第九款規定，約定於被繼承人死亡時，給付其所指定的受益人之人壽保險金額，軍、公教人員、勞工或農民保險之保險金額及互助金，不計入遺產總額。此規定與保險法第一百十二條規定：「保險金額約定於被保險人死亡時給付於其所指定之受益人者，其金額不得作為被保險人之遺產」具有相同意旨。既然保險金額不計入被保險人之遺產，當然也不是遺產稅的課稅標的。因此，若被繼承人生前投保人壽保險，而在保險契約上指定某繼承人為受益人，於被繼承人死亡時，則該繼承人即可以受益人的身分取得保險金而免繳納保險費。

本案結論

玉芳基於保險契約受益人的身分，領取人壽保險死亡保險金，合於前述所得稅法第四條之要件，因此，就此筆保險金額，玉芳並不需要申報所得稅。另外，雖然玉芳為國明之繼承人，但因為其領取保險金額並非基於繼承人之身分，而係來自於保險契約的指定之受益人的身分。因此，依前述遺產及贈與稅法第十六條之規定，玉芳也無需就此筆保險金額繳納遺產稅。

相關法條

保險法第一百一十二條、所得稅法第四條、第十七條、遺產及贈與稅法第十六條第九款。

附錄

保險法

【民國九十年七月九日 總統令修正公布】

第一條

本法所稱保險，謂當事人約定，一方交付保險費於他方，他方對於因不可預料或不可抗力之事故所致之損害，負擔賠償財物之行為。

根據前項所訂之契約，稱為保險契約。

第二條

本法所稱保險人，指經營保險事業之各種組織，在保險契約成立時，有保險費之請求權；在承保危險事故發生時，依其承保之責任，負擔賠償之義務。

第三條

本法所稱要保人，指對保險標的具有保險利益，向保險人申請訂立保險契約，並負有交付保險費義務之人。

第四條

本法所稱被保險人，指於保險事故發生時，遭受損害，享有賠償請求權之人；要保人亦得為被保險人。

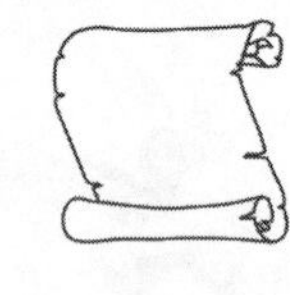

第五條

本法所稱受益人，指被保險人或要保人約定享有賠償請求權之人，要保人或被保險人均得為受益人。

第六條

本法所稱保險業，指依本法組織登記，以經營保險為業之機構。

本法所稱外國保險業，指依外國法律組織登記，並經主管機關許可，在中華民國境內經營保險為業之機構。

第七條

本法所稱保險業負責人，指依公司法或合作社法應負責之人。

第八條

本法所稱保險代理人，指根據代理契約或授權書，向保險人收取費用，並代理經營業務之人。

第八條之一

本法所稱保險業務員，指為保險業、保險經紀人公司、保險代理人公司，從事保險招攬之人。

第九條

本法所稱保險經紀人，指基於被保險人之利益，代向保險人洽訂保險契約，而向承保之保險業收取佣金之人。

第十條

本法所稱公證人，指向保險人或被保險人收取費用，為其辦理保險標的之查勘、鑑定及估價與賠款之理算、洽商，而予證明之人。

第十一條

本法所稱各種責任準備金，包括責任準備金、未滿期保費準備金、特別準備金及賠款準備金。

第十二條

本法所稱主管機關為財政部。但保險合作社除其經營之業務，以財政部為主管機關外，其社務以合作主管機關為主管機關。

第十三條

保險分為財產保險及人身保險。

財產保險，包括火災保險、海上保險、陸空保險、責任保險、保證保險及經主管機關核准之其他保險。

人身保險，包括人壽保險、健康保險、傷害保險及年金保險。

第十四條

要保人對於財產上之現有利益，或因財產上之現有利益而生之期待利益，有保險利益。

第十五條

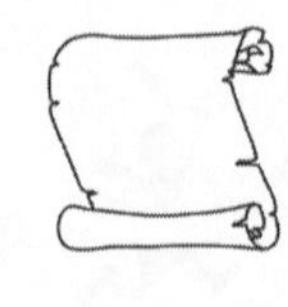

運送人或保管人對於所運送或保管之貨物，以其所負之責任為限，有保險利益。

第十六條

要保人對於左列各人之生命或身體，有保險利益：

一　本人或其家屬。

二　生活費或教育費所仰給之人。

三　債務人。

四　為本人管理財產或利益之人。

第十七條

要保人或被保險人，對於保險標的物無保險利益者，保險契約失其效力。

第十八條

被保險人死亡或保險標的物所有權移轉時，保險契約除另有訂定外，仍為繼承人或受讓人之利益而存在。

第十九條

合夥人或共有人聯合為被保險人時，其中一人或數人讓與保險利益於他人者，保險契約不因之而失效。

第二十條

凡基於有效契約而生之利益，亦得為保險利益。

第二十一條

保險費分一次交付及分期交付兩種。保險契約規定一次交付，或分期交付之第一期保險費，應於契約生效前交付之。但保險契約簽訂時，保險費未能確定者，不在此限。

第二十二條

保險費應由要保人依契約規定交付。

要保人為他人利益訂立之保險契約，保險人對於要保人所得為之抗辯，亦得以之對抗受益人。

第二十三條

以同一保險利益，同一保險事故，善意訂立數個保險契約，其保險金額之總額超過保險標的之價值者，在危險發生前，要保人得依超過部分，要求比例返還保險費。

保險契約因第三十七條之情事而無效時，保險人於不知情之時期內，仍取得保險費。

第二十四條

保險契約因第五十一條第二項之情事，而保險人不受拘束時，保險人得請求償還費用。其已收受之保險費，無須返還。

保險契約因第五十一條第三項之情事而要保人不受拘束時，保險人不得請求保險費及償還費用。其已收受者，應返還之。

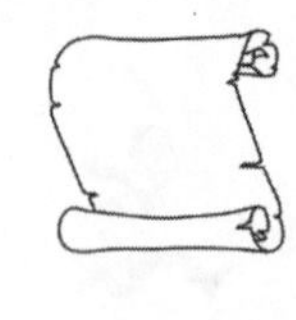

保險契約因第六十條或第八十一條之情事而終止，或部分終止時，除保險費非以時間為計算基礎者外，終止後之保險費已交付者，應返還之。

第二十五條

保險契約因第六十四條第二項之情事而解除時，保險人無須返還其已收受之保險費。

第二十六條

保險費依保險契約所載增加危險之特別情形計算者，其情形在契約存續期內消滅時，要保人得按訂約時保險費率，自其情形消滅時起算，請求比例減少保險費。

保險人對於前項減少保險費不同意時，要保人得終止契約。其終止後之保險費已交付者，應返還之。

第二十七條

保險人破產時，保險契約於破產宣告之日終止。其終止後之保險費，已交付者，保險人應返還之。

第二十八條

要保人破產時，保險契約仍為破產債權人之利益而存在。但破產管理人或保險人得於破產宣告三個月內終止契約。其終止後之保險費已交付者，應返還之。

第二十九條

保險人對於由不可預料或不可抗力之事故所致之損害，負賠償責任。但保險契約內有明文限制者，不在此限。

保險人對於由要保人或被保險人之過失所致之損害，負賠償責任。但出於要保人或被保險人之故意者，不在此限。

第三十條

保險人對於因履行道德上之義務所致之損害，應負賠償責任。

第三十一條

保險人對於因要保人或被保險人之受僱人，或其所有之物或動物所致之損害，應負賠償責任。

第三十二條

保險人對於因戰爭所致之損害，除契約有相反之訂定外，應負賠償責任。

第三十三條

保險人對於要保人或被保險人，為避免或減輕損害之必要行為所生之費用，負償還之責。其償還數額與賠償金額，合計雖超過保險金額，仍應償還。

保險人對於前項費用之償還，以保險金額對於保險標的之價值比例定之。

第三十四條

保險人應於要保人或被保險人交齊證明文件後，於約定期限內給付賠償金額。無約定期限者，應於接到通知後十五日內給付之。

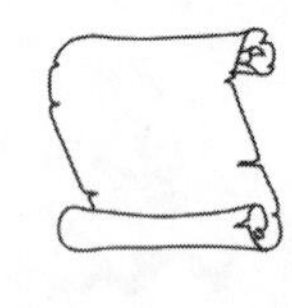

保險人因可歸責於自己之事由致未在前項規定期限內為給付者，應給付遲延利息年利一分。

第三十五條

複保險，謂要保人對於同一保險利益，同一保險事故，與數保險人分別訂立數個保險之契約行為。

第三十六條

複保險，除另有約定外，要保人應將他保險人之名稱及保險金額通知各保險人。

第三十七條

要保人故意不為前條之通知，或意圖不當得利而為複保險者，其契約無效。

第三十八條

善意之複保險，其保險金額之總額超過保險標的之價值者，除另有約定外，各保險人對於保險標的之全部價值，僅就其所保金額負比例分擔之責。但賠償總額，不得超過保險標的之價值。

第三十九條

再保險，謂保險人以其所承保之危險，轉向他保險人為保險之契約行為。

第四十條

原保險契約之被保險人，對於再保險人無賠償請求權。

第四十一條

再保險人不得向原保險契約之要保人，請求交付保險費。

第四十二條

原保險人不得以再保險人不履行再保險金額給付之義務為理由，拒絕或延遲履行其對於被保險人之義務。

第四十三條

保險契約，應以保險單或暫保單為之。

第四十四條

保險契約，由保險人於同意要保人聲請後簽訂。

利害關係人，均得向保險人請求保險契約之謄本。

第四十五條

要保人得不經委任，為他人之利益訂立保險契約。受益人有疑義時，推定要保人為自己之利益而訂立。

第四十六條

保險契約由代理人訂立者，應載明代訂之意旨。

第四十七條

保險契約由合夥人或共有人中之一人或數人訂立，而其利益及於全體合夥人或共有人者，應載明為全體合夥人或共有人訂立之意旨。

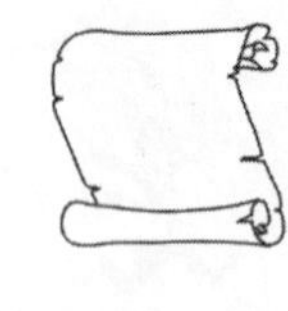

第四十八條

保險人得約定保險標的物之一部分，應由要保人自行負擔由危險而生之損失。

有前項約定時，要保人不得將未經保險之部分，另向他保險人訂立保險契約。

第四十九條

保險契約除人身保險外，得為指示式或無記名式。

保險人對於要保人所得為之抗辯，亦得以之對抗保險契約之受讓人。

第五十條

保險契約分不定值保險契約，及定值保險契約。

不定值保險契約，為契約上載明保險標的之價值，須至危險發生後估計而訂之保險契約。

定值保險契約，為契約上載明保險標的一定價值之保險契約。

第五十一條

保險契約訂立時，保險標的之危險已發生或已消滅者，其契約無效。但為當事人雙方所不知者，不在此限。

訂約時，僅要保人知危險已發生者，保險人不受契約之拘束。

訂約時，僅保險人知危險已消滅者，要保人不受契約之拘束。

第五十二條

為他人利益訂立之保險契約，於訂約時，該他人未確定者，由要保人或保險契約所載可得確定之受益人，享受其利益。

第五十三條

被保險人因保險人應負保險責任之損失發生，而對於第三人有損失賠償請求權者，保險人得於給付賠償金額後，代位行使被保險人對於第三人之請求權。但其所請求之數額，以不逾賠償金額為限。

前項第三人為被保險人之家屬或受僱人時，保險人無代位請求權。但損失係由其故意所致者，不在此限。

第五十四條

本法之強制規定，不得以契約變更之。但有利於被保險人者，不在此限。

保險契約之解釋，應探求契約當事人之真意，不得拘泥於所用之文字；如有疑義時，以作有利於被保險人之解釋為原則。

第五十四條之一

保險契約中有左列情事之一，依訂約時情形顯失公平者，該部分之約定無效：

一　免除或減輕保險人依本法應負之義務者。

二　使要保人、受益人或被保險人拋棄或限制其依本法所享之權利者。

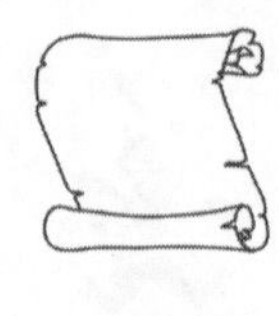

三　加重要保人或被保險人之義務者。

四　其他於要保人、受益人或被保險人有重大不利益者。

第五十五條

保險契約，除本法另有規定外，應記載左列各款事項：

一　當事人之姓名及住所。

二　保險之標的物。

三　保險事故之種類。

四　保險責任開始之日、時及保險期間。

五　保險金額。

六　保險費。

七　無效及失權之原因。

八　訂約之年、月、日。

第五十六條

變更保險契約或恢復停止效力之保險契約時，保險人於接到通知後十日內不為拒絕者，視為承諾。

但人壽保險不在此限。

第五十七條

當事人之一方對於他方應通知之事項而怠於通知者，除不可抗力之事故外，不問是否故意，他方得據為解除保險契約之原因。

第五十八條

要保人、被保險人或受益人，遇有保險人應負保險責任之事故發生，除本法另有規定，或契約另有訂定外，應於知悉後五日內通知保險人。

第五十九條

要保人對於保險契約內所載增加危險之情形應通知者，應於知悉後通知保險人。

危險增加，由於要保人或被保險人之行為所致，其危險達於應增加保險費或終止契約之程度者，要保人或被保險人應先通知保險人。

危險增加，不由於要保人或被保險人之行為所致者，要保人或被保險人應於知悉後十日內通知保險人。

危險減少時，被保險人得請求保險人重新核定保費。

第六十條

保險遇有前條情形，得終止契約，或提議另定保險費。要保人對於另定保險費不同意者，其契約即為終止。但因前條第二項情形終止契約時，保險人如有損失，並得請求賠償。

保險人知危險增加後，仍繼續收受保險費，或於危險發生後給付賠償金額，或其他維持契約之表

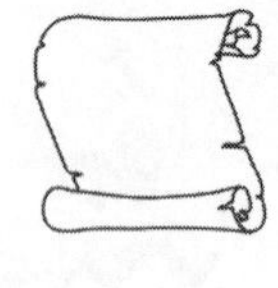

示者，喪失前項之權利。

第六十一條

危險增加如有左列情形之一時，不適用第五十九條之規定：

一　損害之發生不影響保險人之負擔者。

二　為防護保險人之利益者。

三　為履行道德上之義務者。

第六十二條

當事人之一方對於左列各款，不負通知之義務：

一　為他方所知者。

二　依通常注意為他方所應知，或無法諉為不知者。

三　一方對於他方經聲明不必通知者。

第六十三條

要保人或被保險人不於第五十八條、第五十九條第三項所規定之期限內為通知者，對於保險人因此所受之損失，應負賠償責任。

第六十四條

訂立契約時，要保人對於保險人之書面詢問，應據實說明。

要保人故意隱匿，或因過失遺漏，或為不實之說明，足以變更或減少保險人對於危險之估計者，保險人得解除契約；其危險發生後亦同。但要保人證明危險之發生未基於其說明或未說明之事實時，不在此限。

前項解除契約權，自保險人知有解除之原因後，經過一個月不行使而消滅；或契約訂立後經過二年，即有可以解除之原因，亦不得解除契約。

第六十五條

由保險契約所生之權利，自得為請求之日起，經過二年不行使而消滅。有左列各款情形之一者，其期限之起算，依各該款之規定：

一　要保人或被保險人對於危險之說明，有隱匿、遺漏或不實者，自保險人知情之日起算。

二　危險發生後，利害關係人能證明其非因疏忽而不知情者，自其知情之日起算。

三　要保人或被保險人對於保險人之請求，係由於第三人之請求而生者，自要保人或被保險人受請求之日起算。

第六十六條

特約條款，為當事人於保險契約基本條款外，承認履行特種義務之條款。

第六十七條

與保險契約有關之一切事項，不問過去、現在或將來，均得以特約條款定之。

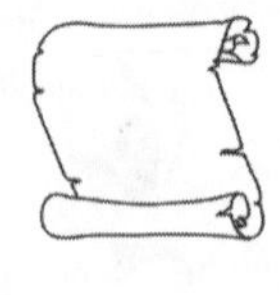

第六十八條

保險契約當事人之一方違背特約條款時，他方得解除契約；其危險發生後亦同。

第六十四條第三項之規定，於前項情形準用之。

第六十九條

關於未來事項之特約條款，於未屆履行期前危險已發生，或其履行為不可能，或在訂約地為不合法而未履行者，保險契約不因之而失效。

第七十條

火災保險人，對於由火災所致保險標的物之毀損或滅失，除契約另有訂定外，負賠償之責。

因救護保險標的物，致保險標的物發生損失者，視同所保危險所生之損失。

第七十一條

就集合之物而總括為保險者，被保險人家屬、受僱人或同居人之物，亦得為保險標的，載明於保險契約，在危險發生時，就其損失享受賠償。

前項保險契約，視同並為第三人利益而訂立。

第七十二條

保險金額，為保險人在保險期內，所負責任之最高額度。保險人應於承保前，查明保險標的物之市價，不得超額承保。

第七十三條

保險標的，得由要保人，依主管機關核定之費率及條款，作定值或不定值約定之要保。

保險標的，以約定價值為保險金額者，發生全部損失或部分損失時，均按約定價值為標準計算賠償。

保險標的，未經約定價值者，發生損失時，按保險事故發生時實際價值為標準，計算賠償。其賠償金額，不得超過保險金額。

第七十四條

第七十三條所稱全部損失，係指保險標的全部滅失或毀損，達於不能修復或其修復之費用，超過保險標的恢復原狀所需者。

第七十五條

保險標的物不能以市價估計者，得由當事人約定其價值，賠償時從其約定。

第七十六條

保險金額超過保險標的價值之契約，係由當事人一方之詐欺而訂立者，他方得解除契約。如有損失，並得請求賠償；無詐欺情事者，除定值保險外，其契約僅於保險標的價值之限度內為有效。

無詐欺情事之保險契約，經當事人一方將超過價值之事實通知他方後，保險金額及保險費，均應按照保險標的之價值比例減少。

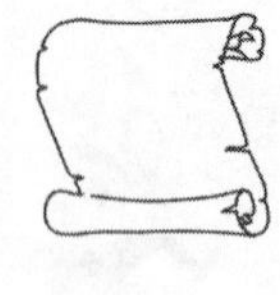

第七十七條

保險金額不及保險標的物之價值者，除契約另有訂定外，保險人之負擔，以保險金額對於保險標的物之價值比例定之。

第七十八條

損失之估計，因可歸責於保險人之事由而遲延者，應自被保險人交出損失清單一個月後加給利息。損失清單交出二個月後損失尚未完全估定者，被保險人得請求先行交付其所應得之最低賠償金額。

第七十九條

保險人或被保險人為證明及估計損失所支出之必要費用，除契約另有訂定外，由保險人負擔之。保險金額不及保險標的物之價值時，保險人對於前項費用，依第七十七條規定比例負擔之。

第八十條

損失未估定前，要保人或被保險人除為公共利益或避免擴大損失外，非經保險人同意，對於保險標的物不得加以變更。

第八十一條

保險標的物非因保險契約所載之保險事故而完全滅失時，保險契約即為終止。

第八十二條

保險標的物受部分之損失者，保險人與要保人均有終止契約之權。終止後，已交付未損失部分之保險費應返還之。

前項終止契約權，於賠償金額給付後，經過一個月不行使而消滅。

保險人終止契約時，應於十五日前通知要保人。

要保人與保險人均不終止契約時，除契約另有訂定外，保險人對於以後保險事故所致之損失，其責任以賠償保險金額之餘額為限。

第八十二條之一

第七十三條至第八十一條之規定，於海上保險、陸空保險、責任保險、保證保險及其他財產保險準用之。

第一百二十三條及第一百二十四條之規定，於超過一年之財產保險準用之。

第八十三條

海上保險人對於保險標的物，除契約另有規定外，因海上一切事變及災害所生之毀損、滅失及費用，負賠償之責。

第八十四條

關於海上保險，適用海商法海上保險章之規定。

第八十五條

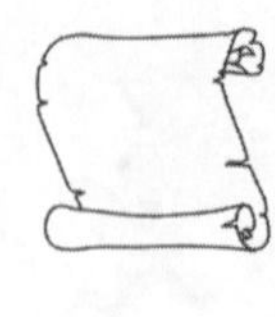

陸上、內河及航空保險人，對於保險標的物，除契約另有訂定外，因陸上、內河及航空一切事變及災害所致之毀損、滅失及費用，負賠償之責。

第八十六條

關於貨物之保險，除契約另有訂定外，自交運之時以迄於其目的地收貨之時為其期間。

第八十七條

保險契約，除記載第五十五條規定事項外，並應載明左列事項：

一　運送路線及方法。

二　運送人姓名或商號名稱。

三　交運及取貨地點。

四　運送有期限者，其期限。

第八十八條

因運送上之必要，暫時停止或變更運送路線或方法時，保險契約除另有訂定外，仍繼續有效。

第八十九條

航行內河船舶運費及裝載貨物之保險，除本節另有規定外，準用海上保險有關條文之規定。

第九十條

責任保險人於被保險人對於第三人，依法應負賠償責任，而受賠償之請求時，負賠償之責。

第九十一條

被保險人因受第三人之請求而為抗辯，所支出之訴訟上或訴訟外之必要費用，除契約另有訂定外，由保險人負擔之。

被保險人得請求保險人墊給前項費用。

第九十二條

保險契約係為被保險人所營事業之損失賠償責任而訂立者，被保險人之代理人、管理人或監督人所負之損失賠償責任，亦享受保險之利益，其契約視同並為第三人之利益而訂立。

第九十三條

保險人得約定被保險人對於第三人就其責任所為之承認、和解或賠償，未經其參與者，不受拘束。但經要保人或被保險人通知保險人參與而無正當理由拒絕或藉故遲延者，不在此限。

第九十四條

保險人於第三人由被保險人應負責任事故所致之損失，未受賠償以前，不得以賠償金額之全部或一部給付被保險人。

被保險人對第三人應負損失賠償責任確定時，第三人得在保險金額範圍內，依其應得之比例，直接向保險人請求給付賠償金額。

第九十五條

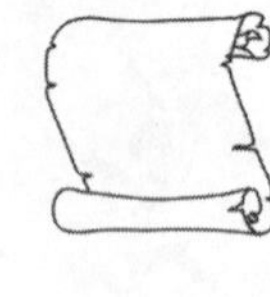

保險人得經被保險人通知，直接對第三人為賠償金額之給付。

第九十五條之一

保證保險人於被保險人因其受僱人之不誠實行為或其債務人之不履行債務所致損失，負賠償之責。

第九十五條之二

以受僱人之不誠實行為為保險事故之保證保險契約，除記載第五十五條規定事項外，並應載明左列事項：

一　被保險人之姓名及住所。

二　受僱人之姓名、職稱或其他得以認定為受僱人之方式。

第九十五條之三

以債務人之不履行債務為保險事故之保證保險契約，除記載第五十五條規定事項外，並應載明左列事項：

一　被保險人之姓名及住所。

二　債務人之姓名或其他得以認定為債務人之方式。

第九十六條

其他財產保險為不屬於火災保險、海上保險、陸空保險、責任保險及保證保險之範圍，而以財物或無形利益為保險標的之各種保險。

第九十七條

保險人有隨時查勘保險標的物之權，如發現全部或一部分處於不正常狀態，經建議要保人或被保險人修復後，再行使用。如要保人或被保險人不接受建議時，得以書面通知終止保險契約或其有關部分。

第九十八條

要保人或被保險人，對於保險標的物未盡約定保護責任所致之損失，保險人不負賠償之責。

危險事故發生後，經鑑定係因要保人或被保險人未盡合理方法保護標的物，因而增加之損失，保險人不負賠償之責。

第九十九條

保險標的物受部分之損失，經賠償或回復原狀後，保險契約繼續有效。但與原保險情況有異時，得增減其保險費。

第一百條

（刪除）

第一百零一條

人壽保險人於被保險人在契約規定年限內死亡，或屆契約規定年限而仍生存時，依照契約，負給

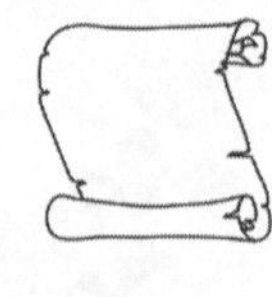

付保險金額之責。

第一百零二條

人壽保險之保險金額，依保險契約之所定。

第一百零三條

人壽保險之保險人，不得代位行使要保人或受益人因保險事故所生對於第三人之請求權。

第一百零四條

人壽保險契約，得由本人或第三人訂立之。

第一百零五條

由第三人訂立之死亡保險契約，未經被保險人書面同意，並約定保險金額，其契約無效。

被保險人依前項所為之同意，得隨時撤銷之。其撤銷之方式應以書面通知保險人及要保人。

被保險人依前項規定行使其撤銷權者，視為要保人終止保險契約。

第一百零六條

由第三人訂立之人壽保險契約，其權利之移轉或出質，非經被保險人以書面承認者，不生效力。

第一百零七條

訂立人壽保險契約時，以未滿十四歲之未成年人，或心神喪失或精神耗弱之人為被保險人，除喪葬費用之給付外，其餘死亡給付部分無效。

前項喪葬費用之保險金額，不得超過主管機關所規定之金額。

第一百零八條

人壽保險契約，除記載第五十五條規定事項外，並應載明左列事項：

一　被保險人之姓名、性別、年齡及住所。

二　受益人姓名及與被保險人之關係或確定受益人之方法。

三　請求保險金額之保險事故及時期。

四　依第一百十八條之規定，有減少保險金額之條件者，其條件。

第一百零九條

被保險人故意自殺者，保險人不負給付保險金額之責任。但應將保險之保單價值準備金返還於應得之人。

保險契約載有被保險人故意自殺，保險人仍應給付保險金額之條款者，其條款於訂約二年後始生效力。恢復停止效力之保險契約，其二年期限應自恢復停止效力之日起算。

被保險人因犯罪處死或拒捕或越獄致死者，保險人不負給付保險金額之責任；但保險費已付足二年以上者，保險人應將其保單價值準備金返還於應得之人。

第一百十條

要保人得通知保險人，以保險金額之全部或一部，給付其所指定之受益人一人或數人。

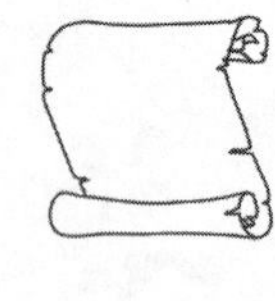

前項指定之受益人，以於請求保險金額時生存者為限。

第一百十一條

受益人經指定後，要保人對其保險利益，除聲明放棄處分權者外，仍得以契約或遺囑處分之。

要保人行使前項處分權，非經通知，不得對抗保險人。

第一百十二條

保險金額約定於被保險人死亡時給付於其所指定之受益人者，其金額不得作為被保險人之遺產。

第一百十三條

死亡保險契約未指定受益人者，其保險金額作為被保險人之遺產。

第一百十四條

受益人非經要保人之同意，或保險契約載明允許轉讓者，不得將其利益轉讓他人。

第一百十五條

利害關係人，均得代要保人交付保險費。

第一百十六條

人壽保險之保險費到期未交付者，除契約另有訂定外，經催告到達後逾三十日仍不交付時，保險契約之效力停止。

催告應送達於要保人，或負有交付保險費義務之人之最後住所或居所。保險費經催告後，應於保險人營業所交付之。

第一項停止效力之保險契約，於保險費及其他費用清償後，翌日上午零時，開始恢復其效力。

保險人於第一項所規定之期限屆滿後，有終止契約之權。

第一百十七條

保險人對於保險費，不得以訴訟請求交付。

保險費如有未能依約交付時，保險人得依前條第四項之規定終止契約，或依保險契約所載條件減少保險金額或年金。

保險契約終止時，保險費已付足二年以上者，保險人應返還其保單價值準備金。

以被保險人終身為期，不附生存條件之死亡保險契約，或契約訂定於若干年後給付保險金額或年金者，如保險費已付足二年以上而有不交付時，保險人僅得減少保險金額或年金。

第一百十八條

保險人依前條規定，或因要保人請求，得減少保險金額或年金。其條件及可減少之數額，應載明於保險契約。

減少保險金額或年金，應以訂原約時之條件，訂立同類保險契約為計算標準。其減少後之金額，不得少於原契約終止時已有之保單價值準備金，減去營業費用，而以之作為保險費一次交付所能得之金額。

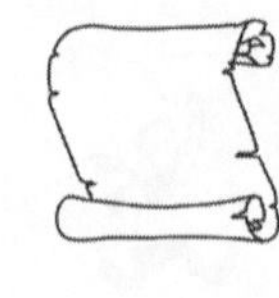

營業費用以原保險金額百分之一為限。

保險金額之一部，係因其保險費全數一次交付而訂定者，不因其他部分之分期交付保險費之不交付而受影響。

第一百十九條

要保人終止保險契約，而保險費已付足一年以上者，保險人應於接到通知後一個月內償付解約金；其金額不得少於要保人應得保單價值準備金之四分之三。

償付解約金之條件及金額，應載明於保險契約。

第一百二十條

保險費付足一年以上者，要保人得以保險契約為質，向保險人借款。

保險人於接到要保人之借款通知後，得於一個月以內之期間，貸給可得質借之金額。

第一百二十一條

受益人故意致被保險人於死或雖未致死者，喪失其受益權。

前項情形，如因該受益人喪失受益權，而致無受益人受領保險金額時，其保險金額作為被保險人遺產。

要保人故意致被保險人於死者，保險人不負給付保險金額之責。保險費付足二年以上者，保險人應將其保單價值準備金給付與應得之人，無應得之人時，應解交國庫。

第一百二十二條

被保險人年齡不實，而其真實年齡已超過保險人所定保險年齡限度者，其契約無效。

因被保險人年齡不實，致所付之保險費少於應付數額者，保險金額應按照所付之保險費與被保險人之真實年齡比例減少之。

第一百二十三條

保險人破產時，受益人對於保險人得請求之保險金額之債權，以其保單價值準備金按訂約時之保險費率比例計算之。要保人破產時，保險契約訂有受益人者，仍為受益人之利益而存在。

投資型保險契約之投資資產，非各該投資型保險之受益人不得主張，亦不得請求扣押或行使其他權利。

第一百二十四條

人壽保險之要保人、被保險人、受益人，對於被保險人之保單價值準備金，有優先受償之權。

第一百二十五條

健康保險人於被保險人疾病、分娩及其所致殘廢或死亡時，負給付保險金額之責。

第一百二十六條

保險人於訂立保險契約前，對於被保險人得施以健康檢查。

前項檢查費用，由保險人負擔。

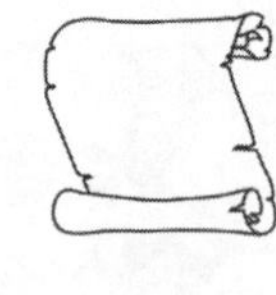

第一百二十七條

保險契約訂立時，被保險人已在疾病或妊娠情況中者，保險人對是項疾病或分娩，不負給付保險金額之責任。

第一百二十八條

被保險人故意自殺或墮胎所致疾病、殘廢、流產或死亡，保險人不負給付保險金額之責。

第一百二十九條

被保險人不與要保人為同一人時，保險契約除載明第五十五條規定事項外，並應載明左列各款事項：

一 被保險人之姓名、年齡及住所。

二 被保險人與要保人之關係。

第一百三十條

第一百零二條至第一百零五條、第一百十五條、第一百十六條、第一百二十三條及第一百二十四條，於健康保險準用之。

第一百三十一條

傷害保險人於被保險人遭受意外傷害及其所致殘廢或死亡時，負給付保險金額之責。

第一百三十二條

傷害保險契約，除記載第五十五條規定事項外，並應載明左列事項：

一　被保險人之姓名、年齡、住所及與要保人之關係。

二　受益人之姓名及與被保險人之關係或確定受益人之方法。

三　請求保險金額之事故及時期。

第一百三十三條

被保險人故意自殺，或因犯罪行為，所致傷害、殘廢或死亡，保險人不負給付保險金額之責任。

第一百三十四條

受益人故意傷害被保險人者，無請求保險金額之權。

受益人故意傷害被保險人未遂時，被保險人得撤銷其受益權利。

第一百三十五條

第一百零二條至第一百零五條、第一百零七條、第一百十條至第一百十六條、第一百二十三條及第一百二十四條，於傷害保險準用之。

第一百三十五條之一

年金保險人於被保險人生存期間或特定期間內，依照契約負一次或分期給付一定金額之責。

第一百三十五條之二

年金保險契約，除記載第五十五條規定事項外，並應載明左列事項：

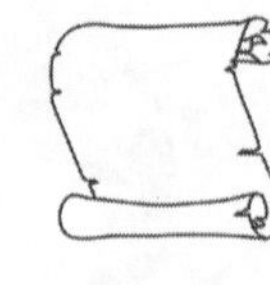

一　被保險人之姓名、性別、年齡及住所。
二　年金金額或確定年金金額之方法。
三　受益人之姓名及與被保險人之關係。
四　請求年金之期間、日期及給付方法。
五　依第一百十八條規定，有減少年金之條件者，其條件。

第一百三十五條之三

受益人於被保險人生存期間為被保險人本人。

保險契約載有於被保險人死亡後給付年金者，其受益人準用第一百十條至第一百十三條規定。

第一百三十五條之四

第一百零三條、第一百零四條、第一百零六條、第一百十四條至第一百二十四條規定，於年金保險準用之。但於年金給付期間，要保人不得終止契約或以保險契約為質，向保險人借款。

第一百三十六條

保險業之組織，以股份有限公司或合作社為限。但依其他法律規定或經主管機關核准設立者，不在此限。

非保險業不得兼營保險或類似保險之業務。

違反前項規定者，由主管機關或目的事業主管機關會同司法警察機關取締，並移送法辦；如屬法

人組織，其負責人對有關債務，應負連帶清償責任。

執行前項任務時，得依法搜索扣押被取締者之會計帳簿及文件，並得撤除其標誌等設施或為其他必要之處置。

第一百三十七條

保險業非申請主管機關核准，並依法為營業登記，繳存保證金，領得營業執照後，不得開始營業。

保險業之設立標準，由主管機關定之。

外國保險業非經主管機關許可，並依法為營業登記，繳存保證金，領得營業執照後，不得開始營業。

本法有關保險業之規定，除法令另有規定外，外國保險業亦適用之。

外國保險業之許可標準及管理辦法，由主管機關定之。

第一百三十七條之一

保險業負責人應具備之資格，由主管機關定之。

第一百三十八條

財產保險業經營財產保險，人身保險業經營人身保險，同一保險業不得兼營財產保險及人身保險業務。但法律另有規定或財產保險業經主管機關核准經營傷害保險者，不在此限。

責任保險及傷害保險，得視保險事業發展情況，經主管機關核准，得獨立經營。

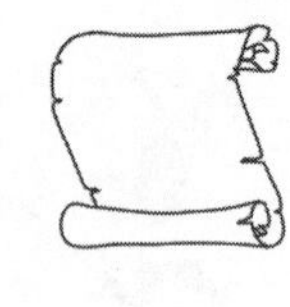

保險業不得兼營本法規定以外之業務。但法律另有規定或經主管機關核准辦理其他與保險有關業務者，不在此限。

保險合作社不得經營非社員之業務。

第一百三十八條之一

保險業應承保住宅地震危險，以共保方式及主管機關建立之危險承擔機制為之。

前項危險承擔機制，其超過共保承擔限額部分，得成立住宅地震保險基金或由政府承受或向國內、外之再保險業為再保險。

前二項有關共保方式、危險承擔機制及限額、保險金額、保險費率、責任準備金之提存及其他主管機關指定之事項，由主管機關定之。

第二項住宅地震保險基金為財團法人；其捐助章程及管理辦法，由主管機關定之。

第一百三十九條

各種保險業資本或基金之最低額，由主管機關，審酌各地經濟實況，及各種保險業務之需要，分別呈請行政院核定之。

第一百四十條

保險公司得簽訂參加保單紅利之保險契約。

保險合作社簽訂之保險契約，以參加保單紅利者為限。

前二項保單紅利之計算基礎及方法，應於保險契約中明訂之。

第一百四十一條

保險業應按資本或基金實收總額百分之十五，繳存保證金於國庫。

第一百四十二條

保證金之繳存應以現金為之。但經主管機關之核准，得以公債或庫券代繳之。

前項繳存保證金，非俟宣告停業依法完成清算，不予發還。

以有價證券抵繳保證金者，其息票部分，在宣告停業依法清算時，得准移充清算費用。

第一百四十三條

保險業認許資產減除負債之餘額，未達第一百四十一條規定之保證金額三倍時，主管機關應命其於限期內，以現金增資補足之。

保險業認許資產之標準及評價準則，由主管機關定之。

保險業非因給付鉅額保險金之周轉需要，不得向外借款，非經主管機關核准，不得以其財產提供為債務之擔保；其因周轉需要所生之債務，應於五個月內清償。

第一項及第二項規定，自第一百四十三條之四第一項至第三項施行之日起，不再適用。

第一百四十三條之一

為保障被保險人之權益，並維護金融之安定，財產保險業及人身保險業應分別提撥資金，設置安定基金。

前項安定基金為財團法人；其基金管理辦法，由主管機關定之。

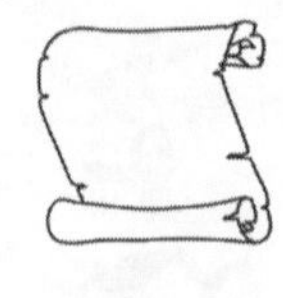

第一百四十三條之二

安定基金由各保險業者提撥；其提撥比例，由主管機關審酌經濟、金融發展情形及保險業務實際需要定之。

第一百四十三條之三

安定基金之動用，以下列各款為限：

一　對經營困難保險業之貸款。

二　保險業因承受經營不善同業之有效契約，或因合併或變更組織，致遭受損失時，得請求安定基金予以補助或低利抵押貸款。

三　保險業之業務或財務狀況顯著惡化不能支付其債務，主管機關依第一百四十九條第三項規定派員接管、勒令停業派員清理或命令解散時，安定基金應依主管機關規定之範圍及限額，代該保險業墊付要保人、被保險人及受益人依有效契約所得為之請求，並就其墊付金額代位取得該要保人、被保險人及受益人對該保險業之請求權。

四　其他為保障被保險人之權益，經主管機關核定之用途。

前項各款動用範圍及限額，由安定基金擬訂並報請主管機關核准。

保險業依第一項第二款承受其他保險業之保險契約或與其合併致遭受損失，申請安定基金補助者，其金額不得超過安定基金依同項第三款規定墊付之總額。

第一百四十三條之四

保險業自有資本與風險資本之比率，不得低於百分之二百；必要時，主管機關得參照國際標準調整比率。

前項所稱自有資本與風險資本之範圍及計算方法，由主管機關定之。

保險業自有資本與風險資本之比率未達第一項規定之比率者，不得分配盈餘，主管機關應視情節輕重，依第一百四十九條第一項、第二項及第三項規定處分之。

前三項規定，自本法修正公布後二年施行。

第一百四十四條

保險業之各種保險單條款、保險費及其他相關資料，由主管機關視各種保險之發展狀況，分別規定其銷售前應採行之程序。

為健全保險業務之經營，保險業應聘用精算人員並指派其中一人為簽證精算人員，負責保險費率之釐訂、責任準備金之核算簽證及辦理其他經主管機關指定之事項；其資格條件、簽證內容、教育訓練、懲處及其他應遵行事項之管理辦法，由主管機關定之。

前項簽證精算人員之指派應經董（理）事會同意，並報經主管機關核備。

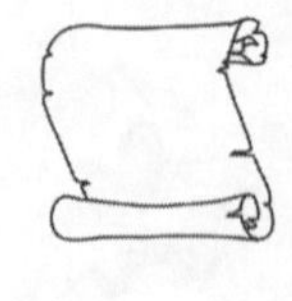

簽證精算人員應本公正及公平原則向其所屬保險業之董（理）事會及主管機關提供各項簽證報告；其有違反者，撤銷其簽證精算人員資格。

第一百四十四條之一

有下列情形之一者，保險業得以共保方式承保：

一　有關巨災損失之保險者。

二　配合政府政策需要者。

三　基於公共利益之考量者。

四　能有效提昇對投保大眾之服務者。

五　其他經主管機關核准者。

第一百四十五條

保險業於營業年度屆滿時，應分別保險種類，計算其應提存之各種責任準備金，記載於特設之帳簿。

前項所稱各種準備金比率，由主管機關定之。

第一百四十六條

保險業資金之運用，除存款或法律另有規定者外，以下列各款為限：

一　有價證券。

二　不動產。
三　放款。
四　辦理經主管機關核准之專案運用及公共投資。
五　國外投資。
六　投資保險相關事業。
七　經主管機關核准從事衍生性商品交易。
八　其他經主管機關核准之資金運用。

前項所稱資金，包括業主權益及各種責任準備金。

第一項所稱之存款，其存放於每一金融機構之金額，不得超過該保險業資金百分之十。但經主管機關核准者，不在此限。

第一項所稱保險相關事業，係指銀行、票券、證券、期貨、信用卡、融資性租賃、保險、信託事業及其他經主管機關認定之保險相關事業。

保險業經營投資型保險之業務應專設帳簿，記載其投資資產之價值；其投資由主管機關另訂管理辦法，不受保險法第一百四十六條至第一百四十六條之二、第一百四十六條之四及第一百四十六條之五規定之限制。

第一百四十六條之一

保險業資金得購買下列有價證券：

一　公債、庫券、儲蓄券。

二　金融債券、可轉讓定期存單、銀行承兌匯票、金融機構保證商業本票及其他經主管機關核准保險業購買之有價證券；其總額不得超過該保險業資金百分之三十五。

三　經依法核准公開發行之公司股票；其購買每一公司之股票總額，不得超過該保險業資金百分之五及該發行股票之公司實收資本額百分之十。

四　經依法核准公開發行之有擔保公司債，或經評等機構評定為相當等級以上之公司所發行之公司債；其購買每一公司之公司債總額，不得超過該保險業資金百分之五及該發行公司債之公司實收資本額百分之十。

五　經依法核准公開發行之證券投資信託基金及共同信託基金受益憑證；其投資總額不得超過該保險業資金百分之五及每一基金已發行之受益憑證總額百分之十。

前項第三款及第四款之投資總額，合計不得超過該保險業資金百分之三十五。

第一百四十六條之二

保險業對不動產之投資，以所投資不動產即時利用並有收益者為限；其投資總額，除自用不動產外，不得超過其資金百分之三十。但購買自用不動產總額不得超過其業主權益之總額。

保險業不動產之取得及處分，應經合法之不動產鑑價機構評價。

第一百四十六條之三

保險業辦理放款，以下列各款為限：

一　銀行保證之放款。

二　以動產或不動產為擔保之放款。

三　以合於第一百四十六條之一之有價證券為質之放款。

四　人壽保險業以各該保險業所簽發之人壽保險單為質之放款。

前項第一款至第三款放款，每一單位放款金額不得超過該保險業資金百分之五；其放款總額，不得超過該保險業資金百分之三十五。

保險業依第一項第一款、第二款及第三款對其負責人、職員或主要股東，或對與其負責人或辦理授信之職員有利害關係者，所為之擔保放款，其管理辦法，由主管機關另定之。

保險業依第一百四十六條之一第一項第三款及第四款，對每一公司股票及公司債之投資與依本條以該公司發行之股票及公司債為質之放款，合併計算不得超過其資金百分之十及該發行股票及公司債之公司實收資本額百分之十。

第一百四十六條之四

保險業之資金得辦理國外投資；其範圍及內容，由主管機關定之。

前項投資總額不得超過該保險業資金百分之五。但主管機關視其經營情況，得逐年予以適度調整。

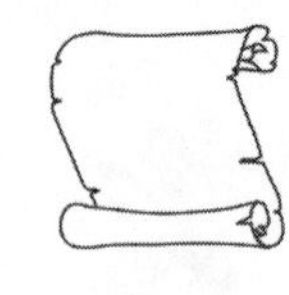

前項調整不得超過該保險業資金百分之二十。

第一百四十六條之五

保險業資金辦理專案運用及公共投資之審核辦法，由主管機關定之。

前項資金運用方式為投資公司股票時，其投資之條件及比率，不受第一百四十六條之一第一項第三款規定之限制。

第一百四十六條之六

保險業實收資本額減除累積虧損之餘額，超過第一百三十九條規定最低資本或基金最低額者，得經主管機關核准，投資保險相關事業；其條件及比率，不受第一百四十六條之一第一項第三款規定之限制。

前項投資總額，不得超過該保險業實收資本額減除累積虧損之餘額百分之四十。

第一百四十六條之七

主管機關對於保險業就同一人、同一關係人或同一關係企業之放款或其他交易得予限制；其限額，由主管機關定之。

前項所稱同一人，指同一自然人或同一法人；同一關係人之範圍，包含本人、配偶、二親等以內之血親，及以本人或配偶為負責人之事業；同一關係企業之範圍，適用公司法第三百六十九條之一至第三百六十九條之三、第三百六十九條之九及第三百六十九條之十一規定。

第一百四十六條之八

第一百四十六條之三第三項所列舉之放款對象，利用他人名義向保險業申請辦理之放款，適用第一百四十六條之三第三項規定。

向保險業申請辦理之放款，其款項為利用他人名義之人所使用，或其款項移轉為利用他人名義之人所有時，推定為前項所稱利用他人名義之人向保險業申請辦理之放款。

第一百四十七條

保險業對於每一危險單位之保險金額扣除再保險金額後，不得超過資本金或基金、公積金、特別準備金及未分配盈餘總和之十分之一。

第一百四十八條

主管機關得隨時派員檢查保險業之業務及財務狀況，或令保險業於限期內報告營業狀況。

前項檢查，主管機關得委託適當機構或專業經驗人員擔任；其費用，由受檢查之保險業負擔。

前二項檢查人員執行職務時，得為下列行為，保險業負責人及相關人員不得規避、妨礙或拒絕：

一　令保險業提供第一百四十八條之一第一項所定各項書表，並提出證明文件、單據、表冊及有關資料。

二　詢問保險業相關業務之負責人及相關人員。

三　評估保險業資產及負債。

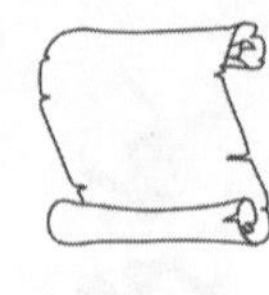

第一項及第二項檢查人員執行職務時，基於調查事實及證據之必要，於取得主管機關許可後，得為下列行為：

一　要求受檢查保險業之關係企業提供財務報告，或檢查其有關之帳冊、文件，或向其有關之職員詢問。

二　向其他金融機構查核該保險業與其關係企業及涉嫌為其利用名義交易者之交易資料。

前項所稱關係企業之範圍，適用公司法第三百六十九條之一至第三百六十九條之三、第三百六十九條之九及第三百六十九條之十一規定。

第一百四十八條之一

保險業每屆營業年度終了，應將其營業狀況連同資金運用情形，作成報告書，併同資產負債表、財產目錄、損益表、股東權益變動表、現金流量表及盈餘分配或虧損撥補之議案及其他經主管機關指定之項目，先經會計師查核簽證，並提經股東會或社員代表大會承認後，十五日內報請主管機關備查。

保險業除依前項規定提報財務業務報告外，主管機關並得視需要，令保險業於規定期限內，依規定之格式及內容，將業務及財務狀況彙報主管機關或其指定之機構。

前二項財務業務報告之編製準則，由主管機關定之。

第一百四十八條之二

保險業應依規定據實編製記載有財務及業務事項之說明文件提供公開查閱。

保險業於有攸關消費大眾權益之重大訊息發生時，應於二日內以書面向主管機關報告，並主動公開說明。

第一項說明文件及前項重大訊息之內容、公開時期及方式，由主管機關定之。

第一百四十八條之三

保險業應建立內部控制及稽核制度；其辦法，由主管機關定之。

保險業對資產品質之評估、各種準備金之提存、逾期放款、催收款之清理、呆帳之轉銷及保單之招攬核保理賠，應建立內部處理制度及程序；其辦法，由主管機關定之。

第一百四十九條

保險業違反法令、章程或有礙健全經營之虞時，主管機關得先予糾正或命其限期改善，並得再視情況為下列處分：

一　限制其營業範圍或新契約額。

二　命其增資。

保險業不遵行前項處分或不依第一百四十三條增資補足者，主管機關應依情節，分別為下列處分：

一　撤銷法定會議之決議。

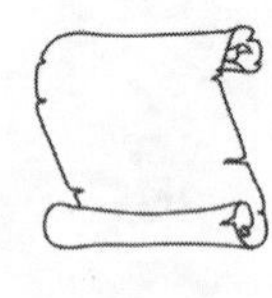

二　命其解除經理人或職員之職務。

三　解除董（理）事、監察人（監事）職務或停止其於一定期間內執行職務。

四　其他必要之處置。

保險業因業務或財務狀況顯著惡化，不能支付其債務，或無法履行契約責任或有損及被保險人權益之虞時，主管機關得依情節之輕重，分別為下列處分：

一　派員監管。

二　派員接管。

三　勒令停業派員清理。

四　命令解散。

依前項規定監管、接管、停業清理或解散者，主管機關得委託相關機構或具有專業經驗人員擔任監管人、接管人、清理人或清算人；其有涉及安定基金補償事項時，並應通知安定基金配合辦理。

依第二項第三款解除董（理）事、監察人（監事）職務時，由主管機關通知經濟部、內政部撤銷其董（理）事、監察人（監事）登記。

保險業經主管機關依第三項第一款為監管處分時，非經監管人同意，保險業不得為下列行為：

一　支付款項或處分財產，超過主管機關規定之限額。

二　締結契約或重大義務之承諾。

三　其他重大影響財務之事項。

監管人執行監管職務時，準用第一百四十八條有關檢查之規定。

第一百四十九條之一

保險業收受主管機關接管處分之通知後，應將其業務之經營及財產之管理處分權移交予接管人。原有股東會、董事、監察人或類似機構之職權即行停止。

保險業之董事、經理人或類似機構應將有關業務及財務上一切帳冊、文件與財產列表移交與接管人。董事、監察人、經理人或其他職員，對於接管人所為關於業務或財務狀況之詢問，有答復之義務。

第一百四十九條之二

接管人執行接管職務時，應以善良管理人之注意為之。其有違法或不當情事者，主管機關得隨時解除其職務，另行選派，並依法追究責任。

接管人執行職務而有下列行為時，應事先取得主管機關許可：

一　財產之處分。

二　借款。

三　訴訟或仲裁之進行。

四　權利之拋棄、讓與或重大義務之承諾。

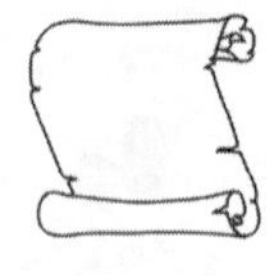

五　重要人事之任免。

六　委託其他保險業經營全部或部分業務。

七　增資或減資後再增資。

八　讓與全部或部分營業、資產或負債。

九　與其他保險業合併。

十　其他經主管機關指定之重要事項。

接管人依前項第八款讓與全部或部分營業、資產或負債時，如受接管保險業之有效保險契約之保險費率與當時情況有顯著差異，非調高其保險費率或降低其保險金額，其他保險業不予承受者，得報經主管機關核准，調整其保險費率或保險金額。

第一百四十九條之三

監管、接管之期限，由主管機關定之。在監管、接管期間，監管、接管原因消失時，監管人、接管人應報請主管機關終止監管、接管。

接管期間屆滿或雖未屆滿而經主管機關決定終止接管時，接管人應將經營之有關業務及財務上一切帳冊、文件與財產，列表移交與該保險業之代表人。

第一百四十九條之四

依第一百四十九條為解散之處分者，其清算程序，除本法另有規定外，其為公司組織者，準用公司法關於股份有限公司清算之規定；其為合作社組織者，準用合作社法關於清算之規定。但有公司法第三百三十五條特別清算之原因者，均應準用公司法關於股份有限公司特別清算之程序為之。

第一百四十九條之五

監管人、接管人、清理人或清算人之報酬及因執行職務所生之費用，由受監管、接管、清理、清算之保險業負擔，並優先於其他債權受清償。

前項報酬，應報請主管機關核定。

第一百四十九條之六

保險業經主管機關依第一百四十九條第三項派員監管、接管、勒令停業派員清理或清算時，主管機關對該保險業及其負責人或有違法嫌疑之職員，得通知有關機關或機構禁止其財產為移轉、交付或設定他項權利，並得函請入出境許可之機關限制其出境。

第一百四十九條之七

股份有限公司組織之保險業受讓依第一百四十九條之二第二項第八款受接管保險業讓與之營業、資產或負債時，適用下列規定：

一　股份有限公司經代表已發行股份總數過半數股東出席之股東會，以出席股東表決權過半數之同意行之；不同意之股東不得請求收買股份，免依公司法第一百八十五條至第一百八十

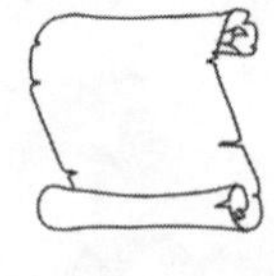

七條之規定辦理。

二　債權讓與之通知以公告方式辦理之，免依民法第二百九十七條之規定辦理。

三　承擔債務時免依民法第三百零一條債權人承認之規定辦理。

四　經主管機關認為有緊急處理之必要，且對市場競爭無重大不利影響時，免依公平交易法第十一條第一項規定向行政院公平交易委員會申請許可。

保險業依第一百四十九條之二第二項第九款與受接管保險業合併時，除適用前項第一款及第四款規定外，解散或合併之通知得以公告方式辦理之，免依公司法第三百十六條第四項之規定辦理。

保險業依第一百四十九條之二第二項第六款受託經營業務時，適用第一項第四款之規定。

第一百四十九條之八

保險業之清理，主管機關應指定清理人為之，並得派員監督清理之進行。清理人執行職務，準用第一百四十九條之一規定。

清理人之職務如下：

一　了結現務。

二　收取債權，清償債務。

清理人執行前項職務，有代表保險業為訴訟上及訴訟外一切行為之權。但將保險業營業、資產或負債轉讓於其他保險業，或與其他保險業合併時，應報經主管機關核准。

其他保險業受讓受清理保險業之營業、資產或負債或與其合併時，應依前條第一項及第二項規定辦理。

清理人執行職務聲請假扣押、假處分時，得免提供擔保。

第一百四十九條之九

清理人就任後，應即於保險業所在地之日報為三日以上之公告，催告債權人於三十日內申報其債權，並應聲明屆期不申報者，不列入清理。但清理人所明知之債權，不在此限。

清理人應即查明保險業之財產狀況，於申報期限屆滿後三個月內造具資產負債表及財產目錄，並擬具清理計畫，報請主管機關備查，並將資產負債表於保險業所在地日報公告之。

清理人於第一項所定申報期限內，不得對債權人為清償。但對已屆清償期之職員薪資，不在此限。

第一百四十九條之十

保險業經主管機關勒令停業進行清理時，第三人對該保險業之債權，除依訴訟程序確定其權利者外，非依前條第一項規定之清理程序，不得行使。

前項債權因涉訟致分配有稽延之虞時，清理人得按照清理分配比例提存相當金額，而將所餘財產分配於其他債權人。

保險業清理期間，其重整、破產、和解、強制執行等程序當然停止。

下列各款債權，不列入清理：

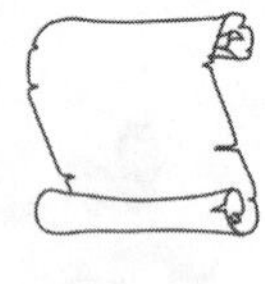

一　債權人參加清理程序為個人利益所支出之費用。

二　保險業停業日後債務不履行所生之損害賠償及違約金。

三　罰金、罰鍰及追繳金。

在保險業停業日前，對於保險業之財產有質權、抵押權或留置權者，就其財產有別除權；有別除權之債權人不依清理程序而行使其權利。但行使別除權後未能受清償之債權，得依清理程序申報列入清理債權。

清理人因執行清理職務所生之費用及債務，應先於清理債權，隨時由受清理保險業財產清償之。

依前條第一項規定申報之債權或為清理人所明知而列入清理之債權，其請求權時效中斷，自清理完結之日起重行起算。

債權人依清理程序已受清償者，其債權未能受清償之部分，對該保險業之請求權視為消滅。清理完結後，如復發現可分配之財產時，應追加分配，於列入清理程序之債權人受清償後，有剩餘時，第四項之債權人仍得請求清償。

第一百四十九條之十一

清理人應於清理完結後十五日內造具清理期內收支表、損益表及各項帳冊，並將收支表及損益表於保險業所在地之日報公告後，報主管機關撤銷保險業許可。

第一百五十條

保險業解散清算時，應將其營業執照繳銷。

第一百五十一條

保險公司除本法另有規定外，適用公司法關於股份有限公司之規定。

第一百五十二條

保險公司之股票，不得為無記名式。

第一百五十三條

保險公司違反保險法令經營業務，致資產不足清償債務時，其董事長、董事、監察人、總經理及負責決定該項業務之經理，對公司之債權人應負連帶無限清償責任。

主管機關對前項應負連帶無限清償責任之負責人，得通知有關機關或機構禁止其財產為移轉、交付或設定他項權利，並得函請入出境許可之機關限制其出境。

第一項責任，於各該負責人卸職登記之日起滿三年解除。

第一百五十四條

（刪除）

第一百五十五條

保險公司之營業登記、外國保險公司之申請特許及其分支機構營業登記及其他登記，其程序準用公司法公司設立登記、外國公司認許、外國分公司登記及其他登記之規定。

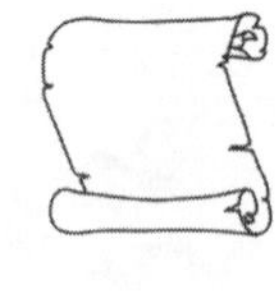

第一百五十六條
保險合作社除依本法規定外，適用合作社法及其有關法令之規定。

第一百五十七條
保險合作社，除依合作社法籌集股金外，並依本法籌足基金。
前項基金非俟公積金積至與基金總額相等時，不得發還。

第一百五十八條
保險合作社於社員出社時，其現存財產不足抵償債務，出社之社員仍負擔出社前應負之責任。

第一百五十九條
保險合作社之理事，不得兼任其他合作社之理事、監事或無限責任社員。

第一百六十條
保險合作社，除先向主管機關申請為營業登記外，其他登記程序，適用合作社法合作社設立登記之規定。

第一百六十一條
保險合作社之社員，對於保險合作社應付之股金及基金，不得以其對保險合作社之債權互相抵銷。

第一百六十二條
財產保險合作社之預定社員人數不得少於三百人；人身保險合作社之預定社員人數不得少於五

百人。

第一百六十三條

保險業之經紀人、代理人、公證人，非向主管機關登記，繳存保證金或投保責任保險，領有執業證書，不得執行業務。

前項經紀人、代理人、公證人，或其他個人及法人，不得為未經主管機關核准之保險業經營或介紹保險業務。

第一百六十四條

保險業代理人、經紀人、公證人，應繳存之保證金或投保責任保險之保險金額，由主管機關訂之。

第一百六十五條

保險業代理人、經紀人、公證人，應有固定業務處所，並專設帳簿記載業務收支。

第一百六十六條

未依第一百三十七條規定，經主管機關核准經營保險業務者，應勒令停業，並處新臺幣三百萬元以上一千五百萬元以下罰鍰。

第一百六十七條

非保險業經營保險或類似保險業務者，處一年以上七年以下有期徒刑，得併科新臺幣二千萬元以下罰金。

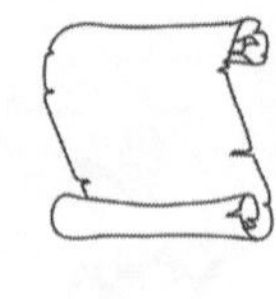

法人犯前項之罪者，處罰其行為負責人。

第一百六十七條之一

違反第一百六十三條規定者，處新臺幣九十萬元以上四百五十萬元以下罰鍰。

第一百六十七條之二

違反第一百七十七條所定保險代理人經紀人公證人管理規則者，除本法另有規定者外，應限期改正，或併處新臺幣九十萬元以上四百五十萬元以下罰鍰；情節重大者，並得命令停止執業或撤銷執業證書。

第一百六十八條

保險業經營業務違反第一百三十八條規定，或其資金之運用，違反第一百四十六條、第一百四十六條之一、第一百四十六條之二、第一百四十六條之三第一項、第二項、第四項、第一百四十六條之四、第一百四十六條之五、第一百四十六條之六及第一百四十六條之七規定者，處新臺幣九十萬元以上四百五十萬元以下罰鍰，或勒令撤換其負責人；其情節重大者，並得撤銷其營業執照。

保險業違反第一百四十六條之三第三項或第一百四十六條之八第一項規定者，其行為人，處三年以下有期徒刑、拘役或科或併科新臺幣一千萬元以下罰金。

第一百六十八條之一

主管機關依第一百四十八條規定派員，或委託適當機構或專業經驗人員，檢查保險業之業務及財務狀況或令保險業於限期內報告營業狀況時，保險業之負責人或職員有下列情形之一者，處新臺幣一百八十萬元以上九百萬元以下罰鍰：

一　拒絕檢查或拒絕開啟金庫或其他庫房。

二　隱匿或毀損有關業務或財務狀況之帳冊文件。

三　無故對檢查人員之詢問不為答復或答復不實。

四　逾期提報財務報告、財產目錄或其他有關資料及報告，或提報不實、不全或未於規定期限內繳納查核費用者。

保險業之關係企業或其他金融機構，於主管機關依第一百四十八條第四項派員檢查時，怠於提供財務報告、帳冊、文件或相關交易資料者，處新臺幣一百八十萬元以上九百萬元以下罰鍰。

第一百六十八條之二

保險業負責人或職員，或以他人名義投資而直接或間接控制該保險業之人事、財務或業務經營之人，意圖為自己或第三人不法之利益，或損害保險業之利益，而為違背保險業經營之行為，致生損害於保險業之財產或利益者，處三年以上十年以下有期徒刑，得併科新臺幣一億元以下罰金。

保險業負責人或職員，或以他人名義投資而直接或間接控制該保險業之人事、財務或業務經營之人，二人以上共同實施前項犯罪之行為者，得加重其刑至二分之一。

前二項之未遂犯罰之。

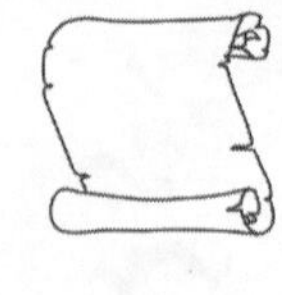

第一百六十九條

保險業違反第七十二條規定超額承保者，除違反部分無效外，處新臺幣四十五萬元以上二百二十五萬元以下罰鍰，或勒令撤換其負責人；其情節重大者，並得撤銷其營業執照。

第一百六十九條之一

（刪除）

第一百六十九條之二

保險業對於安定基金之提撥，如未依限或拒絕繳付者，主管機關得視情節之輕重，處新臺幣二十四萬元以上一百二十萬元以下罰鍰，或勒令撤換其負責人。

第一百七十條

保險業違反本法或本法授權所定命令中有關強制或禁止規定或應為一定行為而不為者，除本法另有處以罰鍰規定而應從其規定外，處新臺幣一百萬元以上五百萬元以下罰鍰。

第一百七十一條

保險業違反第一百四十四條、第一百四十五條規定者，處新臺幣六十萬元以上三百萬元以下罰鍰，並得撤換其核保或精算人員。

第一百七十一條之一

保險業違反第一百四十八條之二第一項規定，未提供說明文件供查閱、或所提供之說明文件未依規定記載、或所提供之說明文件記載不實，處新臺幣六十萬元以上三百萬元以下罰鍰。

保險業違反第一百四十八條之二第二項規定，未依限向主管機關報告或主動公開說明、或向主管機關報告或公開說明之內容不實，處新臺幣三十萬元以上一百五十萬元以下罰鍰。

第一百七十二條

保險業經撤銷登記延不清算者，得處負責人各新臺幣六十萬元以上三百萬元以下罰鍰。

第一百七十二條之一

保險業於主管機關派員監管、接管或勒令停業派員清理時，其董(理)事、監察人(監事)、經理人或其他職員有下列情形之一者，處三年以下有期徒刑、拘役，得併科新臺幣一千萬元以下罰金：

一　拒絕將保險業業務財務有關之帳冊、文件、印章及財產等列表移交予監管人、接管人或清理人或不為全部移交。

二　隱匿或毀損與業務有關之帳冊、隱匿或毀棄該保險業之財產，或為其他不利於債權人之處分。

三　捏造債務，或承認不真實之債務。

四　無故拒絕監管人、接管人或清理人之詢問，或對其詢問為虛偽之答覆，致影響被保險人或受益人之權益者。

第一百七十二條之二

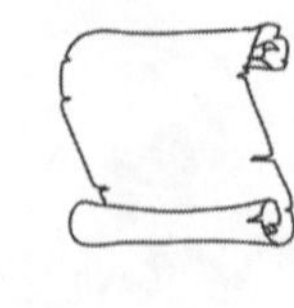

保險業經依本節規定處罰後，於規定限期內仍不予改正者，得對其同一事實或行為，再予加一倍至五倍處罰。

第一百七十三條

主管機關依法所為罰鍰，得依法為強制執行。

第一百七十四條

社會保險另以法律定之。

第一百七十五條

本法施行細則及保險業管理辦法，由財政部擬訂，呈請行政院核定公布之。

第一百七十六條

保險業之設立、登記、轉讓、合併及解散清理，除依公司法規定外，應將詳細程序明訂於管理辦法內。

第一百七十七條

代理人、經紀人、公證人及保險業務員之資格取得、登錄、撤銷登錄、教育訓練、懲處及其他應遵行事項之管理規則，由主管機關定之。

第一百七十八條

本法自公布日施行。

本法修正條文，除已另定施行日期者外，自修正公布日施行。

保險法施行細則

【民國八十九年十一月三十日行政院修正公布】

第一條

本細則依保險法（以下簡稱本法）第一百七十五條之規定訂定之。

第二條

本法第一百三十六條所稱合作社，指有限責任合作社。

第三條

本法第一百五十九條所稱其他合作社，指保險或信用合作社。

第四條

火災保險應提存之未滿期保費準備金，不得低於當年自留總保險費收入百分之四十。

第五條

貨物運送保險（包括海上及陸空保險）應提存之未滿期保費準備金，不得低於當年自留總保險費收入百分之二十。

第六條

船體險（包括漁船保險）應提存之未滿期保費準備金，不得低於當年自留總保險費收入百分之六

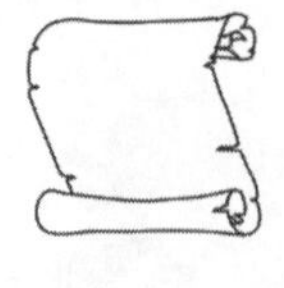

十。

第七條

汽車損失保險、責任保險、保證保險及其他財產保險應提存之未滿期保費準備金，不得低於當年自留總保險費收入百分之五十。

第八條

財產保險之保險期間超過一年者，應提存之未滿期保費準備金依財政部所定標準提存之。

第九條

保險期間超過一年且具儲蓄性質之財產保險應提存之未滿期保費準備金、特別準備金及儲蓄部分之責任準備金，其提存標準由財政部定之。

第十條

財產保險業自留業務，應按險別，依下列規定提存或處理特別準備金：

一　各險除應按財政部所定之費率計算公式中特別準備金比率提存外，如實際賠款低於預期賠款時，其差額部分之百分之五十仍應提存。

二　各險之實際賠款超過預期賠款時，其超過部分，得就已提存之特別準備金沖減之。

三　各險特別準備金累積總額，超過其當年度自留滿期毛保險費時，超過部分，應收回以收益處理。

財產保險業除依前項第一款規定提存特別準備金外，得基於各險特性加提特別準備金；其加提與沖減方式及累積限額應先報經財政部核准。

第十一條

財政部依本法第一百四十五條第二項規定訂定各種保險責任準備金比率時，其所依據之利率，應視社會經濟及險種性質定之。

第十二條

保險期間超過一年之人壽保險契約，除生存保險外，其最低責任準備金之提存，應依左列方式辦理：

一 中華民國八十七年十二月三十一日以前訂定之契約，其純保險費較二十年繳費二十年滿期生死合險為大者，採二十年滿期生死合險修正制。

二 中華民國八十八年一月一日起訂定之契約，其純保險費較二十五年繳費二十五年滿期生死合險為大者，採二十五年滿期生死合險修正制。

三 中華民國九十二年一月一日起訂定之契約，其純保險費較二十年繳費終身保險為大者，採二十年繳費終身保險修正制。

四 前列各款條件以外之契約，採一年定期修正制。

健康保險最低責任準備金之提存，採用一年定期修正制。但具特殊性質之健康保險，其提存標準

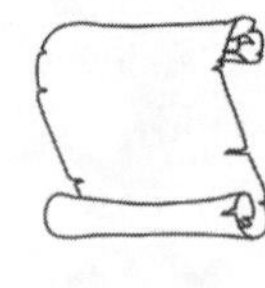

由財政部定之。

生存保險及年金保險最低責任準備金之提存，以採用平衡準備金制為原則；其方式由財政部另定之。

人身保險業變更責任準備金之提存時，應事先經財政部核准。

第十三條

前條所稱之生死合險，指保險人於被保險人在契約規定年限內死亡或屆契約規定年限仍生存時，保險人依照契約均須負給付保險金額責任之生存與死亡兩種混合組成之保險。

第十四條

傷害保險及保險期間一年以下之健康保險應提存之未滿期保費準備金，不得低於當年自留總保險費收入百分之五十。

第十五條

一年定期壽險應提存之未滿期保費準備金，不得低於當年自留總保險費收入百分之五十。

第十六條

第四條至第七條及第十四條、第十五條所稱自留總保險費收入，指保險費收入加再保險費收入減再保險費支出。

前項保險費及再保險費，均指未扣減佣金或再保險佣金之毛保險費及毛再保險費。

第十七條

人身保險業對於保險期間一年以下之人身保險自留業務，應按險別，依下列規定提存或處理特別準備金：

一 各險除應按財政部所定之費率計算公式之特別準備金比率提存外，如實際賠款低於預期賠款時，其差額部分之百分之五十仍應提存。

二 各險之實際賠款超過預期賠款時，其超過部分，得就已提存之特別準備金沖減之。

三 各險特別準備金累積提存總額超過其當年度自留滿期毛保險費之百分之七十時，超過部分，應收回以收益處理。

人身保險業對於保險期間超過一年之人壽保險、健康保險及年金保險業務，自中華民國九十年一月一日起訂定之契約，其簽發之保險費較其依第十二條規定計算責任準備金之保險費為低者，除應依第十二條規定提存責任準備金外，並應將其未經過繳費期間之保險費不足部分提存為特別準備金。

人身保險業除依第一項第一款及前項規定提存特別準備金外，得基於特殊需要加提特別準備金，其加提與沖減方式及累積限額應先報經財政部核准。

第十八條

專業再保險業，關於財產再保險自留再保險費各險應提存之責任準備金、未滿期再保險費準備金、

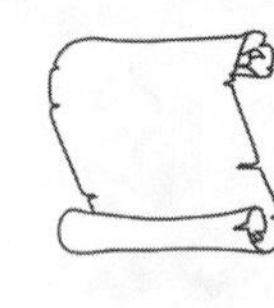

特別準備金及賠款準備金；以及人身再保險自留再保險費各險應提存之責任準備金、未滿期再保險費準備金、特別準備金及賠款準備金，其提存標準，由財政部定之。

第十九條

核能保險應提存之責任準備金，其提存標準由財政部定之。

第二十條

保險業應提存之賠款準備金，其提存標準由財政部定之。

第二十一條

人身保險業計算保險費率所依據之生命表、年金表及各種相關經驗表，由財政部依下列資料定之：

一　政府主管機關依據各地區人口資料編製公布之居民生命表。

二　財政部指定之機構所編製之經驗生命表、年金表及各種相關經驗表。

三　其他經財政部認可之國內外各種相關經驗表。

第二十二條

保險業在國外設有分公司，受所在國法律限制者，其在國外資金之運用，得依當地政府有關法令之規定辦理。

第二十三條

要保人以其所有之藝術品、古玩品及無法依市價估定價值之物品要保者，應依本法第七十三條及第七十五條之規定約定價值，為定值之保險。

第二十四條

保險業對於每一危險單位保險之自留限額，應報財政部核備，修改時亦同。

第二十五條

依本法第四十三條規定簽發保險單或暫保單，須與交付保險費全部或一部同時為之。

產物保險之要保人在保險人簽發保險單或暫保單前，先交付保險費而發生應予賠償之保險事故時，保險人應負保險責任。

人壽保險人於同意承保前，得預收相當於第一期保險費之金額。保險人應負之保險責任，以保險人同意承保時，溯自預收相當於第一期保險費金額時開始。

第二十六條

保險人收取保險費，應由其總公司（社）或分公司（分社）簽發正式收據。

第二十七條

保險業經營各種保險之保險單條款，應使用本國文字，其因業務需要，得附用外國文字。

第二十八條

保險人與被保險人或受益人，對於賠款金額或給付金額有爭議時，保險人應就其已認定賠付或給

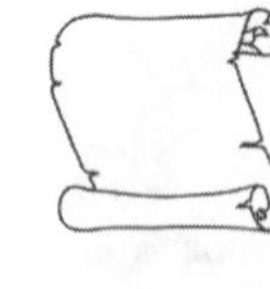

付部分，依照契約規定期限，先行賠付或給付；契約內無期限規定者，應自損失清單及證明文件交齊之日起十五日內先行賠付或給付。其餘部分，於確定後，按本法第七十八條之規定加給利息。

第二十九條

因本法第八十一條所載之原因而終止之火災保險契約，自終止事故發生之日起，其已交付未到期之保險費，應返還之。

前項保險費之返還，除契約另有約定者外，保險人得按短期保險費之規定扣除保險契約有效期間之保險費後返還之。但前項終止契約之原因不可歸責於被保險人者，應將自原因發生之日起至滿期日止之保險費，按日數比例返還之。

第三十條

因本法第一百十六條第一項所載之原因，停止效力之人身保險契約，要保人於清償欠繳保險費及其他費用後，得恢復其效力，其申請恢復效力之期限，自最後一次應繳保險費之日起不得低於二年。

已經簽訂之契約，不合前項規定者，如已載明於保險契約，從其契約；其未載明於保險契約者，應依照前項規定補正，以書面通知被保險人及登報公告之。

第三十一條

人壽保險及年金保險契約，應依本法第一百十九條之規定載明解約金之條件及金額。其未經載明者，應以書面通知被保險人及登報公告之。

第三十二條

一年定期人壽保險、健康保險、傷害保險、年金保險中途解約時，其已交付未到期之保險費，應返還之。

第三十三條

（刪除）

第三十四條

本法第六十四條之適用，依保險契約訂定時之法律。

第三十五條

本細則自發布日施行。

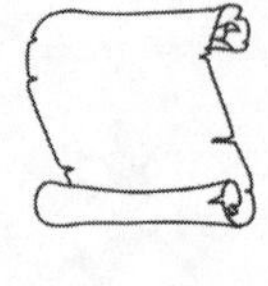

人壽保險單示範條款

【民國九十年八月一日修正】

第一條

本保險單條款、附著之要保書、批註及其他約定書，均為本保險契約（以下簡稱本契約）的構成部分。

本契約的解釋，應探求契約當事人的真意，不得拘泥於所用的文字；如有疑義時，以作有利於被保險人的解釋為準。

第二條

本公司對本契約應負的責任，自本公司同意承保且要保人交付第一期保險費時開始，本公司並應發給保險單作為承保的憑證。

要保人在本公司簽發保險單前先交付相當於第一期保險費而發生應予給付之保險事故時，本公司仍負保險責任。

第三條

要保人於保險單送達的翌日起算十日內，得以書面檢同保險單親自或掛號郵寄向本公司撤銷本契約。

要保人依前項規定行使本契約撤銷權者，撤銷的效力應自要保人親自送達時起或郵寄郵戳當日零時起生效，本契約自始無效，本公司應無息退還要保人所繳保險費；本契約撤銷生效後所發生的保險事故，本公司不負保險責任。但契約撤銷生效前，若發生保險事故者，視為未撤銷，本公司仍應依本契約規定負保險責任。

第四條

分期繳納的第二期以後保險費，應照本契約所載交付方法及日期，向本公司所在地或指定地點交付，或由本公司派員前往收取，並交付本公司開發之憑證。第二期以後分期保險費到期未交付時，年繳或半年繳者，自催告到達翌日起三十日內為寬限期間；月繳或季繳者，則自保險單所載交付日期之翌日起三十日為寬限期間。

約定以金融機構轉帳或其他方式交付第二期以後的分期保險費者，本公司於知悉未能依此項約定受領保險費時，應催告要保人交付保險費，其寬限期間依前項約定處理。

逾寬限期間仍未交付者，本契約自寬限期間終了翌日起停止效力。如在寬限期間內發生保險事故時，本公司仍負保險責任。

第五條

要保人得於要保書或繳費寬限期間終了前以書面聲明，第二期以後的分期保險費於超過寬限期間仍未交付者，本公司應以本契約當時的保單價值準備金（如有保險單借款者，以扣除其借款本息

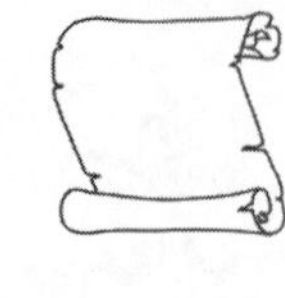

後的餘額）自動墊繳其應繳的保險費及利息，使本契約繼續有效，但要保人亦得於次一墊繳日前以書面通知本公司停止保險費的自動墊繳。墊繳保險費的利息，自寬限期間終了的翌日起，按當時財政部核定的利率計算。

前項每次墊繳保險費的本息，本公司應即出具憑證交予要保人，並於憑證上載明墊繳之本息及本契約保單價值準備金之餘額。保險價值準備金之餘額不足墊繳一日的保險費且經催告到達後逾三十日仍不交付時，本契約效力停止。

第六條

本契約停止效力後，要保人得在停效日起二年內，申請復效。

前項復效申請，經本公司同意並經要保人清償欠繳保險費扣除停效期間的危險保險費後之餘額，自翌日上午零時起恢復效力。

停效期間屆滿時，本保險效力即行終止，本契約若累積達有保單價值準備金，而要保人未申請墊繳保險費或變更契約內容時，本公司應主動退還剩餘之保單價值準備金。

第七條

要保人在訂立本契約時，對於本公司要保書書面詢問的告知事項應據實說明，如有故意隱匿，或因過失遺漏或為不實的說明，足以變更或減少本公司對於危險的估計者，本公司得解除契約，其保險事故發生後亦同。但危險的發生未基於其說明或未說明的事實時，不在此限。

前項解除契約權，自本公司知有解除之原因後，經過一個月不行使而消滅，或自契約開始日起，經過二年不行使而消滅。

第八條

要保人繳費累積達有保單價值準備金而終止契約時，本公司應於接到通知後一個月內償付解約金。逾期本公司應加計利息給付，其利息按給付當時財政部核定的利率計算。

前項契約的終止自本公司收到要保人書面通知開始生效。本契約歷年解約金額例表如附表（略）。

第九條

要保人或受益人應於知悉本公司應負保險責任之事故後十日內通知本公司，並於通知後儘速檢具所需文件向本公司申請給付保險金。

本公司應於收齊前項文件後十五日內給付之。逾期本公司應按年利一分加計利息給付。但逾期事由可歸責於要保人或受益人者，本公司得不負擔利息。

第十條

被保險人在本契約有效期間內失蹤者，如經法院宣告死亡時，本公司根據判決內所確定死亡時日為準，依本契約給付身故保險金；如要保人或受益人能提出證明文件，足以認為被保險人極可能因意外傷害事故而死亡者，本公司應依意外傷害事故發生日為準，依本契約給付身故保險金。但日後發現被保險人生還時，受益人應將該筆已領之身故保險金於一個月內歸還本公司。

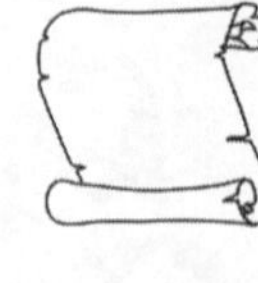

第十一條

受益人申領「生存保險金」時，應檢具左列文件：

一　保險單或其謄本。

二　保險金申請書。

三　受益人的身分證明。

第十二條

受益人申領「身故保險金」時，應檢具左列文件：

一　保險單或其謄本。

二　被保險人死亡證明書及除戶戶籍謄本。

三　保險金申請書。

四　受益人的身分證明。

第十三條

受益人申領「殘廢保險金」時，應檢具左列文件：

一　保險單或其謄本。

二　殘廢診斷書。

三　保險金申請書。

四　受益人的身分證明。

受益人申領殘廢之保險金時，本公司得對被保險人的身體予以檢驗，其一切費用由本公司負擔。

第十四條

被保險人有左列情形之一者，本公司不負給付保險金的責任。

一　受益人故意致被保險人於死，但其他受益人仍得申請全部保險金。

二　要保人故意致被保險人於死。

三　被保險人故意自殺或自成殘廢。但自契約訂立或復效之日起二年後故意自殺致死者，本公司仍負給付身故保險金之責任。

四　被保險人因犯罪處死或拒捕或越獄致死或殘廢。

前項第一、二款情形致被保險人殘廢時，本公司按第　條的約定給付殘廢保險金。

第一項各款情形，本契約累積達有保單價值準備金時，依照約定退還保單價值準備金予要保人。

第十五條

本公司給付各項保險金、解約金或返還保單價值準備金時，如要保人有欠繳保險費（包括經本公司墊繳的保險費）或保險單借款未還清者，本公司得先抵償上述欠款及扣除其應付利息後給付。

第十六條

要保人在本契約有效期間內，得申請減少保險金額，但是減額後的保險金額，不得低於本保險最

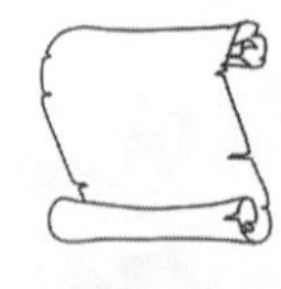

低承保金額，其減少部分視為終止契約。

本公司對於申請減少的保險金額，按下列順序依序減去：

一　因分紅而購買之增額繳清保險。

二　保險單上所記載的保險金額。

第十七條

要保人繳足保險費累積達有保單價值準備金時，要保人得以當時保單價值準備金的數額作為一次繳清的躉繳保險費，向本公司申請改保同類保險的「減額繳清保險」，其保險金額如附表。要保人變更為「減額繳清保險」後，不必再繳保險費，本契約繼續有效。其給付條件與原契約同，但保險金額以減額繳清保險金額為準。

要保人選擇改為「減額繳清保險」當時，倘有保單紅利、保單借款或欠繳、墊繳保險費的情形，本公司將以保單價值準備金加上本公司應支付的保單紅利扣除欠繳保險費或借款本息或墊繳保險費本息後的淨額辦理。

第十八條

要保人繳足保險費累積達有保單價值準備金時，要保人得以當時保單價值準備金的數額作為一次繳清的躉繳保險費，向本公司申請改為「展期定期保險」，其保險金額為原保險金額扣除保險單借款本息或墊繳保險費本息後之餘額。要保人不必再繳保險費，其展延期間如附表，但不得超過原契約的滿期日。

如當時保單價值準備金的數額超過展期定期保險至滿期日所需的躉繳保險費時，其超過款額作為一次躉繳保險費，購買於本契約期滿時給付的「繳清生存保險」，其保險金額如附表。

要保人選擇改為「展期定期保險」當時，倘有保單紅利、保單借款或欠繳、墊繳保險費的情形，本公司將以保單價值準備金加上本公司應支付的保單紅利扣除欠繳保險費或借款本息或墊繳保險費本息後的淨額辦理。

第十九條

要保人繳足保險費累積達有保單價值準備金時，要保人得在保單價值準備金範圍內向本公司申請保險單借款，借款到期時，應將本息償還本公司，未償還之借款本息，超過其保單價值準備金時，本契約效力即行停止。但本公司應於效力停止日之三十日前以書面通知要保人。

第二十條

本契約有效期間內，本公司依規定於每一保單年度終了，以本保險單計算保險費所採用的預定利率（百分之　）及預定死亡率（臺灣壽險業第三回經驗生命表之死亡率的百分之　）為基礎，按當時財政部核定的應分配保險單紅利計算公式（如附件）計算保險單紅利。

前項保險單紅利，本公司依要保人申請投保時所選擇下列四種方式中的一種給付：

一　現金給付。本公司應按時主動以現金給付，若未按時給付時，應依第四款加計利息給付。

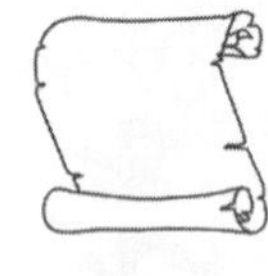

二　購買增額繳清保險。

三　抵繳應繳保險費。但繳費期滿後仍屬有效的契約，若要保人於繳費期滿前未通知本公司選擇繳費期滿後的保險單紅利給付方式時，本公司以第四款（儲存生息）方式辦理。

四　儲存生息：以財政部核定之紅利分配利率（加權平均）依據複利方式累積至要保人請求時給付，或至本契約滿期，被保險人身故、殘廢，或本契約終止時由本公司主動一併給付。

要保人得於本契約有效期間，以書面通知本公司變更前項給付方式。

要保人如未選擇保險單紅利之給付方式，本公司應以書面通知要保人限期選擇，逾期不選擇者，保險單紅利以（　　）方式辦理。

第二十一條

被保險人的投保年齡，以足歲計算，但是未滿一歲的零數超過六個月者加算一歲，要保人在申請投保時，應將被保險人出生年月日在要保書填明。

如果發生錯誤應依照左列規定辦理。

一　真實投保年齡較本公司保險費率表所載最高年齡為大者，本契約無效，其已繳保險費無息退還要保人。

二　因投保年齡的錯誤，而致溢繳保險費者，本公司無息退還溢繳部分的保險費。如在發生保險事故後始發覺且其錯誤發生在本公司者，本公司按原繳保險費與應繳保險費的比例計算保險金額。

三　因投保年齡的錯誤，而致短繳保險費者，應補足其差額；如在發生保險事故後始發覺者，本公司得按原繳保險費與應繳保險費的比例計算保險金額，但錯誤發生在本公司者，不在此限。

前項第一款、第二款情形，其錯誤原因歸責於本公司者，應加計利息退還保險費，其利息按財政部核定之保單分紅利率計算。

第二十二條

要保人於訂立本契約時或保險事故發生前，得指定或變更受益人。

前項受益人的變更，於要保人檢具申請書及被保險人的同意書送達本公司時生效，本公司應即批註於本保險單。受益人變更，如發生法律上的糾紛，本公司不負責任。

殘廢保險金的受益人，為被保險人本人，本公司不受理其指定或變更。

受益人同時或先於被保險人本人身故，除要保人已另行指定受益人外，以被保險人之法定繼承人為本契約受益人。

前項法定繼承人之順序及應得保險金之比例適用民法繼承編相關規定。

第二十三條

要保人的住所有變更時，應即以書面通知本公司。

要保人不做前項通知時，本公司按本契約所載之最後住所所發送的通知，視為已送達要保人。

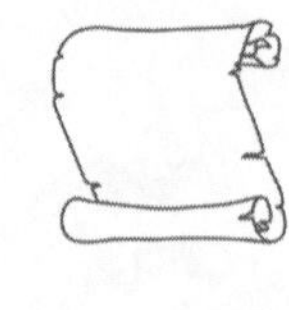

第二十四條

由本契約所生的權利，自得為請求之日起，經過兩年不行使而消滅。

第二十五條

本契約內容的變更，或記載事項的增刪，除第二十二條另有規定外，非經要保人與本公司雙方書面同意且批註於保險單者，不生效力。

第二十六條

本契約涉訟時，約定以要保人住所所在地地方法院為管轄法院，但要保人的住所在中華民國境外時，則以（　）地方法院為管轄法院。

住院醫療費用保險單示範條款

【民國八十七年八月十五日 修正】

第一條

本保險單條款、附著之要保書、批註及其他約定書，均為本保險契約（以下簡稱本契約）的構成部分。

本契約的解釋，應探求契約當事人的真意，不得拘泥於所用的文字；如有疑義時，以作有利於被保險人的解釋為準。

第二條

本契約所稱「疾病」係指被保險人自本契約生效日（或復效日）起所發生之疾病。

本契約所稱「傷害」係指被保險人於本契約有效期間內，遭受意外傷害事故，因而蒙受之傷害。

本契約所稱「意外傷害事故」係指非由疾病引起之外來突發事故。

本契約所稱「醫院」係指依照醫療法規定領有開業執照並設有病房收治病人之公、私立及財團法人醫院。但不包括專供休養、戒毒、戒酒、護理、養老等非以直接診治病人為目的之醫療機構。

本契約所稱「住院」係指被保險人因疾病或傷害，經醫師診斷，必須入住醫院診療時，經正式辦理住院手續並確實在醫院接受診療者。

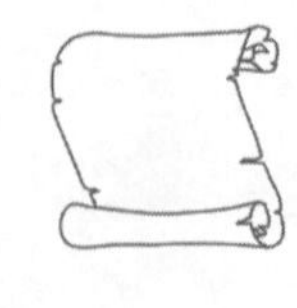

第三條

本契約的保險期間，自保險單上所載期間之始日午夜十二時起至終日午夜十二時止。但契約另有約定者，從其約定。

第四條

被保險人於本契約有效期間內因第二條約定之疾病或傷害住院診療時，本公司依本契約約定給付保險金。

第五條

被保險人因第四條之約定而以社會保險保險對象身分住院診療時，本公司按被保險人住院期間內所發生，且依社會保險規定其保險對象應自行負擔及不屬社會保險給付範圍之下列各項費用核付。

一　超等住院之病房費差額。

二　管灌飲食以外之膳食費。

三　特別護士以外之護理費。

第六條

被保險人因第四條之約定而以社會保險保險對象身分住院診療時，本公司按被保險人住院期間內所發生，且依社會保險規定其保險對象應自行負擔及不屬社會保險給付範圍之下列各項費用核付。

一　指定醫師。

二　醫師指示用藥。

三　血液（非緊急傷病必要之輸血）。

四　掛號費及證明文件。

五　來往醫院之救護車費。

六　超過社會保險給付之住院醫療費用。

第七條

被保險人因第四條之約定而以社會保險保險對象身分住院診療時，本公司按被保險人住院期間內所發生，且依社會保險規定其保險對象應自行負擔及不屬社會保險給付範圍之手術費核付，但以不超過本契約所載「每次手術費用保險金限額」乘以「手術名稱及費用表」中所載各項百分率所得之數額為限。被保險人同一住院期間接受兩項以上手術時，其各項手術費用保險金應分別計算。但同一次手術中於同一手術位置接受兩項器官以上手術時，按手術名稱及費用表中所載百分率最高一項計算。

被保險人所接受的手術，若不在附表「手術名稱及費用表」所載項目內時，由本公司與被保險人協議比照該表內程度相當的手術項目給付比率，核算給付金額。

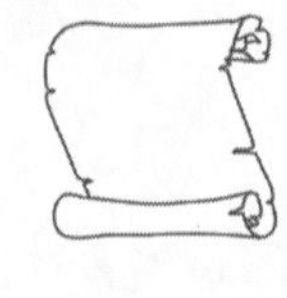

第八條

被保險人於本契約有效期間，因同一疾病或傷害，或因此引起的併發症，於出院後十四日內於同一醫院再次住院時，其各種保險金給付合計額，視為一次住院辦理。

第九條

被保險人已獲得社會保險給付的部分，本公司不予給付保險金。

第十條

被保險人因下列原因所致之疾病或傷害而住院診療者，本公司不負給付各項保險金的責任。

一　被保險人之故意行為（包括自殺及自殺未遂）。

二　被保險人之犯罪行為。

三　被保險人因非法吸食或施打麻醉藥品。

被保險人因下列事故而住院診療者，本公司不負給付各項保險金的責任。

一　美容手術、外科整型或天生畸形。但因遭受意外傷害事故所致之必要外科整型，不在此限。

二　非因治療目的之牙齒手術。但因遭受意外傷害事故所致者，不在此限。

三　裝設義齒、義肢、義眼、眼鏡、助聽器或其他附屬品但因遭受意外傷害事故所致者，不在此限，且其裝設以一次為限。

四　健康檢查，療養或靜養。

五　懷孕、流產或分娩。但因遭受意外傷害事故所致或醫療行為必要之流產，不在此限。

六　不孕症、人工受孕或非以治療為目的之避孕及絕育手術。

第十一條

本契約保險期間為一年，保險期間屆滿時，要保人得交付續保保險費，以逐年使本契約繼續有效，本公司不得拒絕續保。

本契約續保時，依續保生效當時報經主管機關核可之費率及被保險人年齡重新計算保險費，但不得針對個別被保險人身體狀況調整之。

第十二條

要保人在訂立本契約時，對本公司要保書書面詢問的告知事項應據實說明，如有故意隱匿、或因過失遺漏或為不實的說明，足以變更或減少本公司對於危險的估計者，本公司得解除本契約，其保險事故發生後亦同。

但危險的發生未基於其說明或未說明的事實時，不在此限。

前項解除契約權，自本公司知有解除之原因後，經過一個月不行使而消滅；或自本契約開始日起，經過二年不行使而消滅。

第十三條

要保人得以書面通知本公司終止本契約，本公司應從當期已繳保險費扣除按短期費率計算已經過期間之保險費後，將其未滿期保險費退還要保人。

短期費率表如附件（略）。

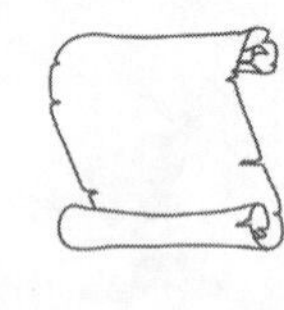

第十四條

被保險人的投保年齡，以足歲計算，但是未滿一歲的零數超過六個月者加算一歲，要保人在申請投保時，應將被保險人的出生年月日在要保書填明。

第十五條

要保人、被保險人或受益人應於知悉本公司應負保險責任之事故後十日內通知本公司，並於通知後儘速檢具所需文件向本公司申請給付保險金。

本公司應於收齊前項文件後十五日內給付之。逾期本公司應按年利一分加計利息給付。但逾期事由可歸責於要保人、被保險人或受益人者，本公司得不負擔利息。

第十六條

本契約各項保險金之受益人為被保險人本人，本公司不受理其指定或變更。

被保險人身故時，如本契約保險金尚未給付或未完全給付，則以被保險人之法定繼承人為該部分保險金之受益人。

前項法定繼承人之順序及應得保險金之比例適用民法繼承編相關規定。

第十七條

受益人申領本契約各項保險金時，應檢具下列文件。

一　保險金申請書。

二　保險單或其謄本。

三　醫療診斷書或住院證明（但要保人或被保險人為醫師時，不得為被保險人出具診斷書或住院證明）。

四　醫療費用收據。

第十八條

由本契約所生的權利，自得為請求之日起，經過二年不行使而消滅。

第十九條

本契約內容的變更或記載事項的增刪，非經要保人與本公司雙方書面同意且批註於保險單者，不生效力。

第二十條

本契約涉訟時，約定以要保人住所所在地地方法院為管轄法院，但要保人之住所在中華民國境外時，則以（　　）地方法院為管轄法院。

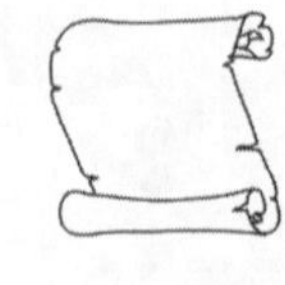

傷害保險單示範條款

【民國八十七年八月七日修正】

第一條

本保險單條款、附著之要保書、批註及其他約定書，均為本保險契約（以下簡稱本契約）的構成部分。

本契約的解釋，應探求契約當事人的真意，不得拘泥於所用的文字；如有疑義時，以作有利於被保險人的解釋為準。

第二條

被保險人於本契約有效期間內，因遭受意外傷害事故，致其身體蒙受傷害而致殘廢或死亡時，依照本契約的約定，給付保險金。

前項所稱意外傷害事故，指非由疾病引起之外來突發事故。

第三條

本契約的保險期間，自保險單上所載期間的始日午夜十二時起至終日午夜十二時止。但契約另有約定者，從其約定。

第四條

被保險人於本契約有效期間內遭受第二條約定的意外傷害事故，自意外傷害事故發生之日起一百八十日以內死亡者，本公司按保險金額給付身故保險金。

第五條

被保險人於本契約有效期間內遭受第二條約定的意外傷害事故，自意外傷害事故發生之日起一百八十日以內致成附表（略）所列二十八項殘廢程度之一者，本公司給付殘廢保險金，其金額按該表所列之給付比例計算。

被保險人因同一意外傷害事故致成附表所列二項以上殘廢程度時，本公司給付各該項殘廢保險金之和，最高以保險金額為限。但不同殘廢項目屬於同一手或同一足時，僅給付一項殘廢保險金；若殘廢項目所屬殘廢等級不同時，給付較嚴重項目的殘廢保險金。

被保險人因本次意外傷害事故所致之殘廢，如合併以前（含本契約訂立前）的殘廢，可領附表所列較嚴重項目的殘廢保險金者，本公司按較嚴重的項目給付殘廢保險金，但以前的殘廢，視同已給付殘廢保險金，應扣除之。

第六條

本契約殘廢或身故保險金的給付，其合計分別最高以保險金額為限。

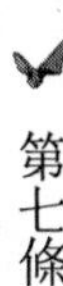

第七條

被保險人直接因下列事由致成死亡、殘廢或傷害時，本公司不負給付保險金的責任。

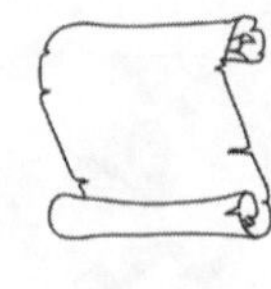

一　受益人的故意行為，但其他受益人仍得申領全部保險金。

二　要保人、被保險人的故意行為。

三　被保險人「犯罪行為」。

四　被保險人飲酒後駕（騎）車，其吐氣或血液所含酒精成分超過道路交通法令規定標準者。

五　戰爭（不論宣戰與否）、內亂及其他類似的武裝變亂。但契約另有約定者不在此限。

六　因原子或核子能裝置所引起的爆炸、灼熱、輻射或污染。但契約另有約定者不在此限。

前項第一、二款情形（除被保險人的故意行為外），致被保險人傷害而殘廢時，本公司仍給付殘廢保險金。

第八條

被保險人從事下列活動期間，致成死亡、殘廢或傷害時，除契約另有約定外，本公司不負給付保險金的責任。

一　被保險人從事角力、摔跤、柔道、空手道、跆拳道、馬術、拳擊、特技表演等的競賽或表演期間。

二　被保險人從事汽車、機車及自由車等的競賽或表演期間。

第九條

本契約訂立時，僅要保人已知保險事故發生者，契約無效，本公司不退還所收受之保險費。

第十條

要保人在訂立本契約時，對於本公司要保書書面詢問的告知事項應據實說明，如有故意隱匿、或因過失遺漏或為不實的說明，足以變更或減少本公司對於危險的估計者，本公司得解除本契約，其保險事故發生後亦同。但危險的發生未基於其說明或未說明的事實時，不在此限。

前項契約的解除權，自本公司知有解除的原因後，經過一個月不行使而消滅。

第十一條

要保人得以書面通知本公司終止本契約，本公司應從當期已繳保險費扣除按短期費率計算已經過期間之保險費後，將其未滿期保險費退還要保人。

短期費率表如附件（略）。

第十二條

被保險人變更其職業或職務時，要保人或被保險人應即時以書面通知本公司。

被保險人所變更的職業或職務，依照本公司職業分類其危險性減低時，本公司於接到通知後，應自職業或職務變更之日起按其差額比率退還未滿期保險費。

被保險人所變更的職業或職務，依照本公司職業分類其危險性增加時，本公司於接到通知後，自職業或職務變更之日起，按差額比率增收未滿期保險費。但被保險人所變更的職業或職務依照本公司職業分類在拒保範圍內者，本公司於接到通知後得終止契約，並按日計算退還未滿期保險費。

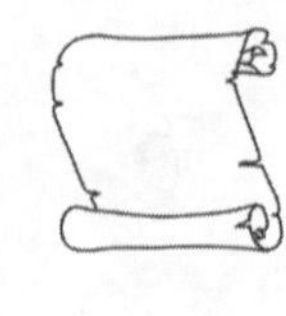

被保險人所變更的職業或職務，依照本公司職業分類其危險性增加，未依第一項約定通知而發生保險事故者，本公司按其原收保險費與應收保險費的比率折算保險金給付。但被保險人所變更的職業或職務在本公司拒保範圍內，概不負給付保險金責任。

第十三條

被保險人於本契約有效期間內遭受第二條約定的意外傷害事故時，要保人、被保險人或受益人應於知悉意外傷害事故發生後十日內將事故狀況及被保險人的傷害程度，通知本公司。並於通知後儘速檢具所需文件向本公司申請給付保險金。

本公司應於收齊前項文件後十五日內給付之。逾期本公司應按年利一分加計利息給付。但逾期事由可歸責於要保人或受益人者，本公司得不負擔利息。

第十四條

被保險人在本契約有效期間內因第二條所約定的意外傷害事故失蹤，於戶籍資料所載失蹤之日起滿一年仍未尋獲，或要保人、受益人能提出證明文件足以認為被保險人極可能因本契約所約定之意外傷害事故而死亡者，本公司按第四條約定先行給付身故保險金，但日後發現被保險人生還時，受益人應將該筆已領之身故保險金於一個月內歸還本公司。

第十五條

受益人申領「身故保險金」時應檢具左列文件：

一　保險金申請書。
二　保險單或其謄本。
三　相驗屍體證明書或死亡診斷書；但必要時本公司得要求提供意外傷害事故證明文件。
四　被保險人除戶戶籍謄本。
五　受益人的身分證明。

第十六條

受益人申領「殘廢保險金」時應檢具左列文件：
一　保險金申請書。
二　保險單或其謄本。
三　殘廢診斷書；但必要時本公司得要求提供意外傷害事故證明文件。
四　受益人之身分證明。

受益人中領殘廢保險金時，本公司得對被保險人的身體予以檢驗，其費用由本公司負擔。

第十七條

要保人於訂立本契約時或保險事故發生前，得指定或變更身故保險金受益人。未指定身故保險金受益人者，其保險金作為被保險人之遺產。

前項受益人的變更，於要保人檢具申請書及被保險人的同意書送達本公司時生效，本公司應即批

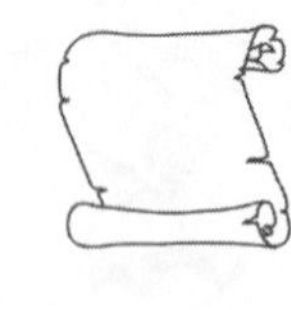

註於本保險單。受益人變更，如發生法律上的糾紛，本公司不負責任。

殘廢保險金的受益人，為被保險人本人，本公司不受理另行指定或變更。

受益人同時或先於被保險人本人身故，除要保人已另行指定受益人，以被保險人之法定繼承人為本契約受益人。

前項法定繼承人之順序及應得保險金之比例適用民法繼承編相關規定。

第十八條

由本契約所生的權利，自得為請求之日起，經過兩年不行使而消滅。

第十九條

本契約內容的變更，或記載事項的增刪，除第十七條另有規定外，非經要保人與本公司雙方書面同意且批註於保險單者，不生效力。

第二十條

本契約涉訟時，約定以要保人住所所在地地方法院為管轄法院，但要保人之住所在中華民國境外時，則以（　　）地方法院為管轄法院。

本國壽險公司

公司名稱	負責人	地址	電話	網址
保誠人壽保險股份有限公司	鄭林經	臺北市忠孝東路4段550號12樓	(02)27582727	http://www.prudential-uk.com.tw
國泰人壽保險股份有限公司	蔡宏圖	臺北市仁愛路4段296號	(02)27551399	http://www.cathaylife.com.tw
中國人壽保險股份有限公司	辜振甫	臺北市敦化北路122號	(02)27196678	http://www.chinalife.com.tw
台灣人壽保險股份有限公司	朱炳昱	臺北市許昌街17號18樓	(02)23116411	http://www.twlife.com.tw
南山人壽保險股份有限公司	謝仕榮	臺北市民權東路2段144號	(02)25013333	http://www.nanshanlife.com.tw
國華人壽保險股份有限公司	翁一銘	臺北市中山北路2段42號	(02)25621101	http://www.khl.com.tw
新光人壽保險股份有限公司	吳東進	臺北市忠孝西路1段66號37樓	(02)23895858	http://www.skl.com.tw
中央信託局人壽保險處	黃榮顯	臺北市敦化南路2段69號6樓	(02)27849151	http://www.ctclife.com.tw

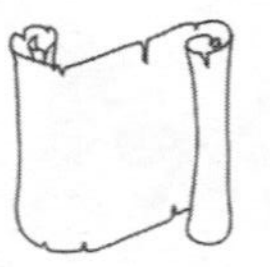

富邦人壽保險股份有限公司	蔡明興	臺北市敦化南路1段108號	(02)87716699	http://www.fubonlife.com.tw
幸福人壽保險股份有限公司	簡松棋	臺北市忠孝西路1段6號8樓	(02)23817172	http://www.shinfu.com.tw
國寶人壽保險股份有限公司	曾慶豐	臺北市北投區中央南路2段18號	(02)28967899	http://www.glic.com.tw
三商人壽保險股份有限公司	陳河東	臺北市信義路5段150巷2號6樓	(02)23455511	http://www.mli.com.tw
遠雄人壽保險事業股份有限公司	趙藤雄	臺北市基隆路1段200號18樓	(02)27583099	http://www.angelfire.com/sk/hunt/main.htm
興農人壽保險股份有限公司	洪博彥	臺中市自治街155號紐約財經大樓11樓	(04)3721653	http://www.sinonlife.com.tw
統一安聯人壽保險股份有限公司	莊南田	臺北市民生東路3段69號12樓	(02)25151888	http://www.allianz.com.tw
宏泰人壽保險股份有限公司	許東隆	臺北市承德路1段70號7樓	(02)25595151	http://www.hontai.com.tw

外商人壽保險公司在臺分公司

公司名稱	負責人	地址	電話	網址
美商美國安泰人壽保險股份有限公司臺灣分公司（ING安泰）	石賓忠	臺北市基隆路1段176號8樓	(02)88098888	http://www.inglife.com.tw
美商大都會人壽保險股份有限公司臺灣分公司	王天運	臺北市仁愛路4段85號11樓	(02)27751175	http://www.metlife.com.tw
美商保德信人壽保險股份有限公司臺灣分公司	中島弘	臺北市南京東路3段70號11樓	(02)25046699	http://www.prudential.com/intl/taiwan/
美商康健人壽保險股份有限公司臺灣分公司	鉦晶升	臺北市民生東路3段115號7樓	(02)27185191	http://www.cigna.com.tw
美商全美人壽保險股份有限公司臺灣分公司	陳履潔	臺北市延平南路110號10樓	(02)23610800	http://www.transamerica.com.tw
美商美國人壽保險	陳鼎中	臺北市南京東路5	(02)27563456	http://www.alico.com.tw

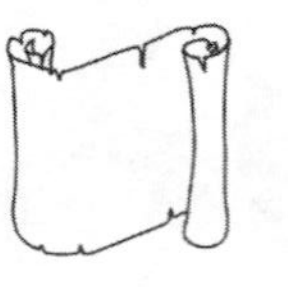

股份有限公司臺灣分公司		段108號15樓		
美商宏利人壽保險股份有限公司臺灣分公司	何達德	臺北市敦化南路1段2號4樓	(02)27409080	http://www.manulife.com.hk/manulife-public/english/index.himl
美商紐約人壽保險股份有限公司臺灣分公司	朱立明	臺北市民生東路3段133號14樓	(02)27195277	http://www.nyliac.com.tw
美商全國人壽保險股份有限公司臺灣分公司	吳福山	臺北市基隆路2段56號9樓之1	(02)25037773	
澳大利亞商安盛國衛人壽保險股份有限公司臺灣分公司	帖敬之	臺北市中山北路2段44號12樓B	(02)25311199	http://www.NM.com.tw
澳大利亞商花旗人壽保險股份有限公司臺灣分公司	貝克俊	臺北市信義區松仁路89號3樓	(02)87808280	http://www.citibank.com.tw/products/insur/e-l/e-l-main.htm
荷商亞太全球人壽保險股份有限公司臺灣分公司	劉先覺	臺北市基隆路1段200號10樓	(02)27582277	http://www.aegon.com.tw
瑞士商環球瑞泰人	吳家懷	臺北市敦化南路2	(02)27030306	http://www.winterthur.com.tw

壽保險股份有限公司臺灣分公司		段97號25樓		
瑞士商蘇黎世人壽保險股份有限公司臺灣分公司	張文偉	臺北市敦化北路56號6樓	(02)27785950	http://www.zurich.com.tw
法商佳迪福人壽保險股份有限公司臺灣分公司	貝文生	臺北市忠孝東路2段88號7樓707室	(02)23923456	http://www.cardif.fr

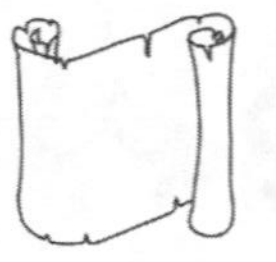

十五、保險公會、學會及協會

單位名稱	地址	電話及傳真	網址
財團法人保險事業發展中心	臺北市南海路3號6樓	(02)23972227 (02)23517508	http://www.iiroc.org.tw
財團法人汽車交通事故特別補償基金	臺北市館前路49號7樓	(02)23883545 (02)23329523	
臺北市產物保險商業同業公會	臺北市南京東路2段125號13樓	(02)25071566 (02)25074095	
中華民國人壽保險商業同業公會	臺北市松江路152號5樓	(02)25612144 (02)25613774	http://www.lia-roc.org.tw
中華民國產物保險核保學會	臺北市南京東路2段125號13樓	(02)25065941 (02)25075245	
財團法人工程保險協進會	臺北市忠孝西路1段39號9樓後座	(02)23820051 (02)23820001	
中華民國風險管理學會	臺北市復興南路2段237號13樓	(02)27058393	http://www.rmst.org.tw
中華民國精算學會	臺北市敦化北路122號	(02)25141078 (02)27169920	

中華民國保險學會	臺北市敦化北路56號12樓	(02)27316300-250	
中華民國保險經紀人協會	臺北市林森北路85巷58號3樓之2	(02)25642809	
臺北市公證商業同業公會	臺北市重慶南路1段43號7樓705室	(02)23759548 (02)23755407	
中華民國保險代理人商業同業公會	臺北市松江路439號3樓	(02)25055891 (02)25155390	http://www.ciaa.org.tw
中華民國保險經紀人商業同業公會	臺北市中山區民權東路3段45號4樓	(02)25174939 (02)25018470	
高雄市公證商業同業公會	高雄市苓雅區三多二路224號8樓之2	(07)7132207	

Law about Life

生活中時時有法律，

法律中處處有生活，

在現代法治社會中，

您需要 **生活法律叢書**

來使您遠離是非、保障權益！

高高興興打點行李出國去，
卻發現車子很擠、飯店超爛、導遊一問三不知，
外帶一拖拉庫賣藥賣特產的行程……
哇！怎麼都跟旅行社當初說的不一樣？
別急！快拿出「旅遊法寶」！

林圳義／著

本書拋棄法學書籍傳統艱深難懂的撰寫方式，以口語問答配合旅遊糾紛案例的解說，分章分節，逐步導引您了解民法債篇旅遊專章、發展觀光條例及其他相關旅遊法令。從旅遊前應注意的重要資訊、旅行業相關法令、旅行業從業人員的重要法律關係及旅行業違法之處罰，再以案例解說各種旅遊糾紛，附錄受理申訴機關、申請或申訴表格、調處流程等資訊，並試擬民事起訴狀、刑事告訴狀（附撰寫說明），完全方便讀者參考使用，是您旅遊時維護自身權益的最佳寶典，也是旅行業從業人員最佳的法律指引！

俗話說：「吃虧就是佔便宜」，
但在消費時吃了悶虧，
自認倒楣絕對不是最好的方法，
面對生產者強大的經濟力、技術力，
你，該怎麼辦？

消費生活與法律保護

許明德／著

本書深入淺出地為您介紹〈消費者保護法〉及相關法規，並說明消費爭議的處理方式，讓您充分了解消費者應有的權益，兼具理論與實用，絕對是您保障自身權益的必備寶典！

常在報紙上看到惡性倒會的報導，
是不是讓你對參加合會望之卻步？
有人說：「死會可以活標」，
這又是真的嗎？

王惠光／著

合會是臺灣社會中普遍存在之民間經濟互助組織，對一般人民日常生活之經濟、理財有很大的影響。以前因為我國民法當中對於合會的性質沒有加以規定，因此參與合會的人到底如何規範，欠缺法律上之依據。而法院實務上對於很多合會的習慣也有不同之見解，容易引起爭議。在民國八十八年十一月二十一日修正民法債篇條文時增列合會章節，終於使參與合會的會首及會員相互間的權利義務有法律之規範基礎。本書平鋪直敘之說明、淺顯易懂的問題，即使完全不懂合會的人，也能夠藉由本書而獲得參與合會之法律常識。

「吉屋出租」——
身為房東，
你是不是害怕碰上惡房客？
而身為租屋者，
你又如何保障自己的權益呢？

莊守禮／著

本書是以淺顯的陳述方式與豐富的內容，為沒正式學過法律的房東及房客編寫而成。生活化、口語化的用詞，針對房屋租賃的種種法律問題，提供了案例解說及解決之道。讓房東及房客們具備趨吉避凶的能力，藉此消弭社會上因租賃關係所生的各種糾紛。

當樓梯間雜物堆陳，
當中庭花園變成了荒草蔓蔓，
您，卻還得每個月付出高額的管理費！
身為現代的「寓公」、「寓婆」，
住在公寓大廈的您，
要如何保障自己應有的住戶權利呢？

公寓大廈是與非

吳尚昆／著

自民國八十四年六月二十八日起，〈公寓大廈管理條例〉正式生效實施，使現代生活的鄰里關係進入了法律規範的時代。從公寓大廈的區分所有權人或住戶的立場出發，本書為您介紹〈公寓大廈管理條例〉的相關內容，並特別詳細解說一般住戶關心但常誤解的問題。全書分為七篇：基本觀念、住戶之權利義務、停車位、管理費、管理組織、管理服務人及附錄，每篇均以問題、實例、案例解析及「您也該知道」之順序撰寫，除討論一般公寓大廈管理事務常見的法律問題外，並提供具體建議、處理流程及相關注意事項。書末附錄除附有相關法令外，另有多篇管理委員會常用書函範例及常用書狀範例，可供一般公寓大廈管理委員會因應常見糾紛事務時參考。